陵寝文化

党明放 著

南京大学出版社

『中华传统文化简明读本』

陵寝文化

目 录

目录

陵寝文化

引　言

　　上古时期，人类处于蒙昧状态，往往待亲人死后，或举于山冈，或委于沟壑，任狐狼啮食，蝇蛆嘬噬，谓之不葬其亲。当灵魂不灭观念出现后，人类便奉行入土为安的做法，使逝者魂气归于天，形魄归于地。

　　"葬者，藏也"。掘穴葬棺，藏尸地下。地表平平者称"墓"，墓者，表明墓主正常死亡，不含冤屈；墓上垅土为堆者称"坟"，坟者，表明死者心中愤恨不平，含有冤屈。"坟"又称"邱"、"丘"，高头大坟称"冢"。

　　春秋战国之际，随着贵族阶级的没落，君主政体的建立等社会变革，在中原地区普遍流行坟丘式墓葬。《礼记·檀弓上》载："昔者夫子言之曰：吾见封之若堂者矣，见若坊者矣，见若覆夏屋者矣，见若斧者矣，从若斧者焉。马鬣封之谓也。"意思是说，从前，孔子讲他曾见过四种式样的墓丘：有的高高隆起像"堂"；有的狭长而陡峭像"坊"；有的四方阔广而两旁向上像"屋"；有的狭长而从两旁向上尖削似斧刃，谓之"马鬣封"。马鬣，即马鬃。宋人刘克庄《沁园春·和吴尚书叔永》词云："叹苕溪渔艇，幽人孤往；雁山马鬣，吊客谁经。"

　　"陵"，指高大突兀的山丘，是帝王坟墓的专称，源自战国中期七雄之赵、楚、秦。据《史记》卷四十三《赵世家》记载，赵肃侯十五年（前335），"起寿陵"。《史记》卷六《秦始皇本纪》记载，惠文王享国二十七年，"葬公陵"。悼武王享国四年，"葬永陵"。昭襄王享国五十六年，"葬芷阳"。孝文王享国一年，"葬寿陵"。及至后来，统称帝陵为"山陵"。

　　"寝"，是对古代帝土坟墓建筑的特定称呼，兴于秦，行丁汉。

　　一座帝王陵寝，就是一部墓主生前的传奇和死后的秘史，就是一座中国古代的艺术宝藏。

　　上古时期，最高统治者被称为"天子"、"君"、"王"、"皇"，或"帝"，夏朝则称"后"，商朝称"帝"，周朝称"王"，春秋战国之际，由于战事频仍，时局混乱，诸侯大多僭越称"王"。

　　陵寝制度肇始于传说中的唐尧虞舜，是奴隶社会和封建社会政治、文化和礼仪制度的重要组成部分，也是统治者推崇皇权至上，维护森严等级的一种政治手段。按照"事死如事生,事亡如事存,孝之至也",以及"陵墓若都邑"的礼制原则,帝王的陵寝规制代表着丧葬礼仪中的最高规格,体现着以忠孝为本的伦理观念和宗教观念,反映着不同历史时期的社会风尚和习俗,是人类社会的缩影和民族文化的集中体现。

第一章　帝陵风水

风水,起源于原始社会,指相宅或相墓之法,又称"堪舆"。"堪"为上,"舆"为下,堪高舆低,代指天地。风水包括人类环境中的天地、山川、土木等自然景观。从甲骨文和先秦典籍来看,先民对地形有着明确的划分。如陆地,可分为山、阜、丘、陵、冈等;如水域,可分为江、河、川、泉、涧、沼、泽、汜、沱等;如河床地带,可分为兆、厂、渚、浒、淡等。东晋堪舆学家郭璞《葬书》云:"葬者乘生气也。""经曰:气乘风则散,界水则止。""古人聚之使不散,行之使有止,故谓之风水。""风水之法,得水为上,藏风次之。"先民认为,住宅或墓地周围的风向、水流等形势会招致居住者或死者后人的祸福。

第一节　风水文化

龙,是中国古代传说中的神异动物,是中华民族的精神图腾,常用来象征祥瑞。宋人罗愿《尔雅翼·释龙》云:"角似鹿,头似驼,眼似兔,项似蛇,腹似蜃,鳞似鱼,爪似鹰,掌似虎,耳似牛。"龙背上有八十一鳞,具九九阳数,其声如戛铜盘,口旁有须髯,颔下有明珠,喉下有逆鳞,头上有博山。龙与凤、龟、麟并称"四灵"。

在封建时代,龙是皇权的象征。凡皇宫使用的器物皆饰以龙。《三国演义》中,罗贯中借曹操之口,概述了龙的非凡:"能大能小,能升能隐;大则兴云吐雾,小则隐介藏形;升则飞腾于宇宙之间,隐则潜伏于波涛之内。方今春深,龙乘时变。"

为帝王的陵寝选址,称"卜选吉壤"。为了充分体现"龙脉文化"以及"天人合一"的理念,卜选所遵循的原则是:觅龙(寻找陵墓所依靠的山脉)、点穴(确定安放棺椁的地方)、察砂(察看附近其他山岭)、观水(观察附近河流情况),等等。

汉魏时期,风水学说在运用传统的阴阳五行学说的同时,糅合了天文、地理、水文、伦理、建筑等方面的知识,与四时、四方搭配,创造出了一个较为庞杂的理论体系。东汉王充《论衡·物势》云:"东方木也,其星苍龙也;西方金也,其星白虎也;南方火也,其星朱鸟也;北方水也,其星玄武也。天有四星之精,降生四兽之体。含血之虫,以四兽为长,四兽含五行之气最较著。"西汉董仲舒《春秋繁露·五行之义》篇云:"木居左,金居右,火居前,水居后,土居中央……是故木居东方而主春气,火居南方而主夏气,金居西方而主秋气,水居北方而主冬气。"

东汉时期,班固在《白虎通义》中将"五行"与"四兽"相配:"左青龙,右白虎,前朱雀,后玄武,中央后土。"意思是说,东方乃青龙,属木;西方乃白虎,属金;南方乃朱雀,属火;北方乃玄武,属水;中央属土。"四兽",指四种神兽。古人把东西南北四方每一方的七宿想象为四种动物形象,称作"四象",认为"四象"有祛邪、避灾、祈福作用。

在风水学流派上,一是根据形势点穴的形法派,一是依据八卦及星相推测吉穴的理气派。两派相互利用,相互攻讦,方法失灵往往成为家常便饭。

在整体风水理论学说上,分形、气、理。有形,才能定气,气定,才能论理。阴阳乃风水之祖,一阴一阳,相间而成。以山为阴,水为阳。山以高峻为阴,平衍为阳;以曲为阴,直为阳;以俯为阴,仰为阳;以静为阴,动为阳。老子所说的"负阴抱阳",大意是指,背负高山,面临江河,或坐北向南。

东汉赵晔在《吴越春秋》中讲:夏朝开国君王禹"遂巡行四渎,与益、夔共谋,行到名山大泽,召其神而问之山川脉理、金玉所有、鸟兽昆虫之类,及八方之民俗、殊国异域、土地里数,使益疏而记之……"南宋朱熹又在《中庸序》中讲:"然后此书之旨,支分节解,脉络贯通。""脉络",亦称"脉理",泛指条理或纹理。由此可见,先民在很久之前就已习惯称大地山川之间的某种联系为"脉"。

五代十国时期,前蜀皇帝王建,早年家贫。相传他为亡父下葬,当棺材放入墓穴时,便自动跳将出来。此时,有位高人出现在王建面前,厉声责问:"这里是真龙天子的吉壤,怎能容你们小民在此安葬呢?"王建不理,再次下棺,棺材再次跳出,第三次再下棺,总算是成功了。结果,王建这个市井无赖竟然当上了皇帝。这个传说似乎说明,只要祖坟风水旺,是完全能够改变命运的。古人的这种迷信观念一直在影响着不同时代的人。

后周显德七年(960)正月初三,赵匡胤出兵陈桥驿(今河南封丘县东南),发动兵变,众将拥立赵匡胤为皇帝,黄袍加身,是为宋太祖。赵匡胤称帝后,在改葬自己父亲的《宣祖昭武皇帝改卜安陵哀册文》中说:"洛州南原兮山有嵩,山川王气兮洛阳东。宫阙崔嵬兮形胜通,土圭测景兮天之中。惟帝运之兴隆兮,盛大德而照融。"自然环境好风水就好,风水好,就是皇运兴隆的主要原因。

北宋时期,盛行阴阳术说。在葬制问题上,特别信奉盛行于唐朝的"五音利姓"之说。所谓"五音利姓",就是把人的姓氏分成宫、商、角、徵、羽五音,再将"五音"分别与阴阳"五行"中的土、金、木、火、水对应,这样就可以在地理上找到与其姓氏相对应的最佳埋葬方位和时日。北宋皇帝的赵姓为角音,与"五行"中的"木"对应,木主东方,阳气在东,此为吉方。另一说法是,赵姓,属"角"音,利于壬、丙方位。乾兴元年(1022)二月十九日,真宗赵恒于延庆殿驾崩。八月初六,司天监上疏:"按经书,壬、丙二方皆为吉地,今请灵驾先于上宫神墙外壬地新建下宫奉安,俟十月十二申时发赴丙地幄次,十三日申时掩皇堂。"

明祖陵坐落在江苏盱眙县洪泽湖西岸,是明太祖朱元璋的高祖、曾祖、祖父的衣冠冢。据成书于明崇祯年间的《凤泗记》记载,能言善辩的礼部侍郎蒋德璟曾这样哄骗崇祯皇帝:

> 龙脉西自汴梁,由宿虹至双沟镇,起伏万状,为九冈十八洼,从西转北,亥龙入首坐癸向丁……大约五百里之内,北戒带河,南戒杂江,而十余里明堂前后,复有淮、泗、汴河诸水环绕南、东、北,惟龙从西来稍高耳。陵左肩十里为挂剑台,又左为洪泽湖,又左为龟山,即禹锁巫支祁处,又左为老子山。自老子山至清河县,即淮、黄交会处也;陵右肩六十里为影塔湖,为九冈十八洼,又右为柳山,为朱山,即汴梁虹宿来龙,千里结穴,真帝王万年吉壤。

事实上,黄、淮流域均为洪泛区,经蒋德璟这么油嘴滑舌一忽悠,一方曾被弃之多年的贫瘠瘦土,竟然变成了帝王的万年吉壤。

万历皇帝为了预建山陵,曾借到天寿山拜谒祖陵之机,带领占卜师、风水师察选吉壤。初得吉壤三处:即永陵之东的潭峪岭、昭陵之北的祥子岭、东井之南的勒草洼。万历对此不甚满意。后又遣风水师在天寿山选得两处吉地:一为形龙山,一为小峪山。形龙山主峰高耸,层峦叠嶂,峦头圆润秀美,山脉动如游龙,"形如出水莲花,案似龙楼凤阁,内外明堂开亮,左右辅弼森严;且龙虎重重包裹,水中曲曲关阑,诸山皆拱,众水来朝,堪称至尊至贵之地"。小峪山主势尊严,重重起伏,水星行龙,金星结穴,左右四铺,"拱顾周旋,云秀朝宗,明堂端正,砂水有情"。是年九月初九,万历再借秋祭之名,亲临形龙山、小峪山两地阅视,现场初定小峪山,但还需请求两宫皇太后定夺。翌年,改小峪山为大峪山。

第二节 龙脉文化

传说中,龙善变化,兴云雨,利万物。《汉书》卷十九《百官公卿表下》载,"以龙纪其长官,故为龙师。春官为青龙,夏官为赤龙,秋官为白龙,冬官为黑龙,中官为黄龙。百官各隶其部,以中官为首。"《管氏地理指蒙·象物》云:"指山为龙兮,象形势之腾伏。"以山喻龙,表明先民将最初的"龙崇拜"推演到了"山崇拜"。在《撼龙经》里,"龙"指山水的形态,是"龙"造就了风水。《地理五诀》卷一《地理通论》中讲风水学三纲:"一曰气脉,为富贵贫贱之纲;二曰明堂,为砂水美恶之纲;三曰水口,为生旺死绝之纲。"以寻龙、点穴、察砂、觅水、择向为五常。

所谓"龙脉",是指如龙一般绵延盘绕、起伏翻腾、飘忽隐显的山脉。或高或低,或转或折,或逶迤千里,或分支片改,或穿田而涉水,或横断而另起。山以气凝,气因山著。山川之间有正气,有游气,有贯气,有熔气,有主气。龙以脉为主,穴以向为尊。龙主形而穴主气,形有屈伸捭阖、精粗肥瘦,气有聚散沉浮、厚薄清浊。清人姚廷銮《阴阳二宅全书·龙说》云:"地脉之行止起伏曰龙。"山势如龙行飘忽,即所谓神龙见首不见尾。

明人缪希雍《葬经翼》认为:"寻龙、望势、定穴,宜登一方最高处,先从局外审察,次向对面注视,次向左右睨视,却再回有情处,细察微茫,必无失也。凡审穴,贵详贵缓,当俟草枯木落时,昔人先以火燎草而后登山,甚为有法。雨中可以审其微茫界合,晴天可以察其气象脉理,雪中可以验其所积厚薄,则知其阳气所聚。"

堪舆文献曾将龙脉态势归结为十二类,即:活泼之势、端严之形,谓之生龙;敦厚周密、气象雍容,谓之福龙;腾云驾雾、翔体悠扬,谓之飞龙;分而不乱、散而合一,谓之应龙;逶迤蜿蜒、一体回环,谓之蟠龙;横亘磅礴、舒徐偃息,谓之卧龙;平地藏踪、隐逸难辨,谓之潜龙;腾峰跃岭、傍水而行,谓之洋龙;头角峥嵘、形体坚刚,谓之怒龙;奇幻倏忽、向背无常,谓之幻龙;软活劣弱、东扯西拽,谓之游龙;东倒西歪、左摊右缺,谓之败龙。

(一)寻龙

寻龙,又称"望势",是指寻找山脉,通过山脉的走向,找到结穴之地。《管氏地理指蒙》卷六十四云:"寻龙必有径,有径必有序。乘其宗,原其祖,据其荡,审其气,在险以明堂为限,在易以冈脉为主,次之以朝,应几案,又次之以左右门户……"从风水美学原理来讲,须屈曲流动,须圆端体正,须均衡界定,须谐和有情。观龙以势,察穴以情,非势无以见龙之神,非形无以察穴之情。寻找龙脉,首先要从始祖山、少祖山及父母山看起,直到本身的胎息山。少祖山,又称宗山,宗山以圆净为佳,当合五星正体。父母山居于穴山之后,当有庇荫作用。胎息山乃穴位坐落之山,须正体光圆,肥满润泽。明朝刘基在《堪舆漫兴》中讲:"龙楼宝殿势难攀,此处名为太祖山。若用端方孙必贵,亦须剥换看波澜。"

沈六圃在《地学》中讲:"行龙之脉,山脊牵连。"观龙之来,则知气之所行;观穴之止,则知气之所住;观局之聚,则知气之所钟。对于墓穴而言,龙脉,即"来龙",来龙须高峙耸拔,端庄尊贵;须植被丰厚,雾霭缭绕;须缠护重重,迎送叠叠。山脉蜂腰鹤膝,过帐出峡。如覆钟,如华盖;左右之水,环抱其中。

龙势以山脉妖矫为贵,奔驰远赴,曲伏有致,且山脊有轮有晕为吉。东晋王嘉《拾遗记》卷一《少昊》云:"有水屈曲亦如龙凤之状,有山盘纡亦如屈龙之势,故有龙山、龟山、凤水之目也。"隋炀帝《白马篇》云:"阵移龙势动,营开虎

图 1　中国三大干龙总览图

翼张。"若重重起伏,屈曲玄妙,东西飘忽,如鱼跃鸢飞,谓之生龙,葬之则吉。若山形散乱,粗顽臃肿,慵獭低伏,如枯本死鱼,谓之死龙,葬之则凶。

　　根据堪舆术的划分,中国大龙脉态势有北龙、中龙、南龙之分,谓之"三大干龙":北龙左支起自昆仑山,左支环阴山、贺兰山,入山西,起太行,渡海而止;中龙中支自西蕃趋岷山,直奔关中,脉系散阙,左渭右汉,为终南太华,起嵩山,转荆山,抱淮水,落平原,过泰山入东海;南龙右支从西藏起,下丽江,趋云南,绕贵州,遍布湘江,奔于江浙闽广。在明代开国宰相刘基的心目中,南龙为发迹之地,北龙为帝王之基。

　　(二)点穴

　　山如人体,穴如胎胞。所谓"穴",是指地象中特异地带交汇处的形势,俗称"葬口"。山止气住,也就是在墓葬中安放棺椁的位置。百尺为形,千尺为势。势来形止,形止气蓄。形势动,则若水之波,若马之驰;形势止,则若怀宝而燕息,具善而法齐。

风水学说认为，"穴"是天造地设的。凡真穴之地，皆形如龟盖，内外有如太极圈之晕轮，晕则生气内聚。总结点穴要领，大致有藏风聚气、明堂借水、前后呼应、交合分明、避凶躲煞、别其枯润等十二项。

在"穴"的左右，水来的一边，称作天门；水去的一边，称作地户，或称下关。水流去处，两岸的山，称水口砂，水口中间或奇峰卓立，或两山对峙。水从中出，或横阑高镇，或窒塞水中，高耸天际，谓之华表。水口间巉岩石山，耸身数仞，形状怪异，从中流挺然朝向穴位，谓之北辰，或谓尊星，此格极贵，千不逢一。天门须宽畅开阔，山明水秀；地户须高障紧闭，塞闭重重。

点穴之法，一要识穴体，二要识穴星，三要审穴形，四要审穴情。就是要点在来龙的"脉止"处。南京牛首山作为皇家陵园，朱元璋听说无拱卫之意，为了有利于风水，便命刑部持棍痛打牛头山一百下，并在牛头处开凿石孔，用铁锁锁之。慈禧太后也很迷信风水，生前多次出宫视察自己的墓地，顺手还将一颗硕大的宝珠丢进了已经挖好的"地穴"之中。

据说，风水鼻祖郭璞的母亲死后，他在暨阳（今浙江诸暨市）择地葬母，距水仅有百步之遥，有人说墓穴距水太近，担心被水冲刷。郭璞回答，居水之地会变为陆地。不久，果真沙涨数十里，墓地四周全为桑田。

咸丰二年（1852）九月，咸丰移驾平安峪阅视为他卜选的万年吉地，发现陆应谷、奕湘及甘熙等人各执一词，咸丰只得下令，命陆应谷"平心体察真龙真穴"。据《菩陀峪万年吉地工程备要》记载，在普祥峪慈安皇后陵寝及菩陀峪慈禧陵寝定穴之后，为了使两穴始平，遂将普祥峪慈安皇后陵寝志桩下移一丈五尺二寸，西移四尺七寸五分，将菩陀峪慈禧陵寝志桩上移七尺四寸，东移八寸。

点穴实非易事，若差之毫厘，则谬以千里，故有"三年寻龙，十年点穴"之说。

（三）观水

风水学认为，水是龙之血脉。山随水行，水界山止。水随山转，山防水去。未看山，先看水，以水寻龙。所谓"水抱"，即上开下合，有如虾须蟹眼，玉带金城。水口是生旺死绝之纲。水曲则财聚，水直则贫亡。若水飞走则生气散,水融注则内气聚。众说停注之地,为沼为沚,为池为湖,此乃真龙憩息之所。

若在平原,水口多为河口;若在山区,水口多为山口。水依山而凝,山靠水而畅;山水相依,山无水则气寒,水无山则气散。山高水倾、山短水直、山通水割、山乱水分、山露水反,谓之山水"五凶"。

秦始皇陵南依骊山,北临渭水之滨。骊山系秦岭山脉的一个支脉,海拔1302米,东西绵延约25公里,南北宽约13.7公里。传说此山山体似一匹骊色(黑色)骏马,因而得名。骊山断层错落,山峦与沟壑相间构成了一条条南北走向的山谷,并由此发育出了一道道河流。秦始皇陵恰巧就位于骊山北麓由河流形成的洪积扇上。

唐德宗崇陵位于陕西省泾阳县嵯峨山南麓。嵯峨山古称荆山,海拔955米。寝宫位于五峰山之中峰南麓山腰间,即九条龙(山脉)交会之处,恰似一朵九瓣莲花的中央,谓之"莲花穴",居高临下,山环水抱。

清东陵背靠昌瑞山,光绪修《遵化通志》云:"一峰挂笏,状如华盖,后龙雾灵山自太行逶迤而来。"据《宫中杂件》记载,光绪年间,堪舆师李唐、李振宇奉诏为穆宗载淳卜选万年吉壤,后在帖中写道:

> 谨瞻仰得东陵龙脉,自雾灵山至琉璃屏,分为三支:中支结聚土星名曰昌瑞山,面朝一大金星。仰见五行相生,天地相朝之象。随龙水自乾方而出巽位当中,以水为界,分为阴阳,合全局观之,是天生太极,有生生不息之机。观其从昌瑞山之左,分支下脉,连结几穴。至玉顶山复起,顶下脉旋转有力,过峡玲珑,束气清纯。直到双山峪,又复起顶,层叠而结。左右砂山护从,内水绕抱于吉穴前,会左水于巽方,而出水平口,同归蔡家庄,入蓟河。可作癸山丁向,后有大山以为靠,前有金星以为照。金星山之两旁更有万福山朝于左,象山立于右,此天然之局。正得上元当令之气,为亿万年绵长之兆,真上吉之地。又瞻得成子峪,亦系雾灵山一脉所结,自琉璃屏直脉黄花山,过峡复起,层叠而下,束气起顶,形势端庄,神情隽秀,左

右龙虎砂,护从而结。两边近水环绕于吉穴前,可作辛山乙向,前有盘龙岭为近案,远有大山为拱朝,此亦上吉之地。又瞻仰得松树沟,龙势聚顶,高而不下,水法不合。宝椅山,微有其形,脉亦不真。侯家山,龙脉虽现,形势脱化未净。以上三处,似均不可用。

清东陵南为水口,以兴隆口为结咽束气,烟墩山及象山东西夹峙,北以雄浑壮阔的昌瑞山为后靠;东侧的马兰峪、鲇鱼关"峰峦秀丽,势尽西朝,俨然左辅"。西侧的宽佃峪、黄花山"昂日骞云,势皆东向,俨然右弼"。如此风水对陵寝形成了环抱之势。清人孙鼎烈《永宁山扈从记程》所言,清西陵诸山"山势自太行来,巍峨耸拔,脉秀力丰,峻岭崇岗,远拱于外,灵岩翠岫,环卫其间。迄下山岗无数,如手之有指,每两岗间平坦开拓处,诸陵在焉,花之瓣,笋之箨,层层包护……龙蟠凤翥,源远流长,左右回环,前后拱卫,实如金城玉笋"。

乾隆的裕陵坐落在清东陵境内的胜水峪,于乾隆七年(1742)三月十七日卜定。同年九月,乾隆借谒东陵之便,前往阅视,表示十分满意。翌年二月初十丑时开工营造。乾隆十七年(1752),地宫竣工。十月二十七日,葬孝贤皇后、慧贤皇贵妃及哲悯皇贵妃入内。乾隆三十五年(1770),裕陵出现质量问题,惹怒乾隆,下令处罚承办官员赔修。嘉庆六年(1801),破土动工建高宗纯皇帝圣德神功碑亭,历时两年建成。裕陵的修建历时长达五十八年,总耗银203万两。

咸丰帝奕詝的定陵坐落在清东陵的平安峪。咸丰元年(1851)九月二十八日,遣定郡王载铨、工部右侍郎彭蕴章、内务府大臣基溥相度万年吉地。江西巡抚陆应谷因对地理之学素所讲求,命其协助。据《清文宗实录》卷五三载,咸丰二年(1852)二月初一,又遣定郡王载铨、文华殿大学士裕诚、礼部尚书奕湘及总管内务府大臣陆应谷等人"各带谙习堪舆之人敬慎覆看,绘图呈览,以定福基"。同年九月,咸丰借来定陵谒陵之机,亲自阅视平安峪、成子峪及辅君山。据《清文宗实录》卷五四载,咸丰降谕:"朕于本月十五、十六日,亲至平安峪阅看,陆应谷所立标记在上,奕湘另立标记,在其南十五丈平坦之处,堪舆甘熙等六员,又称穴在中间,北距陆应谷标记九丈余,南距奕湘标记五丈余。朕亲加诘问,令与奕湘所带堪舆郑锡申等各抒所见,呈递说帖,各执一词。着陆应谷平心体察,真龙真穴,究在何处?务期考核精详,勿涉游移两可之见。裕诚等摺片,并甘熙等说帖,俱著钞给阅看,将此谕令知之。"各执其见,无从定议,咸丰堵心呐!

咸丰四年(1854),又派礼部尚书伯葰带陆应谷至平安峪重新相度。据《清文宗实录》卷七二记载,陆应谷将阅视结果成帖奏报:"平安峪自昌瑞山右肩分支,特起大盖,座中抽出,脉逶迤而下,结成微乳。左龙蜿蜒,右虎训俯,贴身蝉翼,牛角两砂隐约缠护;虾须、金鱼二水界划分明。灵光凝聚,穴法甚真。前天台山作朝,盘龙岭作案,罗城周匝完密,毫无空缺。……立壬山丙向兼子午,收本身过堂之水,会大水出兴隆口,俱为合法,洵属上上吉地。"直至咸丰八年(1858)八月初四、初五两日,守护陵寝的贝子载华及总管内务府大臣绵森等奉诏复堪。翌年十月十三日申时,破土兴工。期间,由于太平天国起义,以及英法联军的入侵,加之财政陷入困境,致使工程数次停工。直到同治五年(1866)十二月,定陵全部完工,整个工程持续了七年半时间,总耗银3134547两。

关于胜水峪风水,《工科题本》记载:"胜水峪系昌瑞山右一脉,龙居尊贵,砂水回环,朝案端严,罗城周密。龙翔凤舞,精神凝结于中区;星拱云联,象纬朝宗于宸极。百神胥护,宏开百世之模;万寿无疆,允协万年之吉。"按照风水学原理,来龙的左右必须有一重或数重起伏顿错的砂山环绕,形成对穴区的环抱、拱卫、辅弼的形势,除左右护砂有高有低外,还须有长有短。但事实上,裕陵的砂山非天然,全为人工培补。因人为因素,故裕陵的砂山最为完备。左砂山在宫门北部分为内外两道;西砂山在绕过后罗圈墙后与左砂山并不交会。在宫门以南,部分的左右两侧砂山一直延伸,临近终点,则各自向内弯曲。除此之外,在五孔桥之南、大碑楼之北尚有砂山一道,此山犬牙交错,紧而有致,聚而生情,形成有趣的布局。

(四)察砂

所谓"砂",是指墓穴周围的山丘土石之物。其作用是遮水挡风,是构成负阴抱阳地理环境的基础之一。居于墓穴左侧的谓之龙砂,或称上砂;居于右侧的谓之虎砂,或称下砂。风水学对这两砂的基本要求是,左旗右鼓,左辅右弼,左缠右护。如果左右如列城,面前如拜舞,后来如展翅,即为上乘之砂。

"砂"与"龙"尽管都指山体,但区别在于龙好比主人,砂好比奴仆。《心得要旨》云:"夫砂,所以布置局势,护卫区穴,辅从龙身者也。"《地理与问叙》中讲:龙大,则保卫它的砂也多;龙贵,则跟随它的砂也美;龙强,则随龙的砂也远。穴前之山,近者为案山,远者为朝山。案山不可太高,否则逼穴;朝山应峰连耸秀,如同眠弓;祖山坟幛包罗于外,形成大势,似城之围墙,称之为罗城。如天际三垣星象,各有围垣的星,捍卫帝座,又称垣局。穴前左山为青龙,右山为白虎,前者为朱雀,后者为玄武。穴前朱雀案外的山,称"前应";穴后玄武顶背的山,称"后照",或称"乐山"、"福储峰"。龙虎横抱穴位外,若背后之山拖向前去,谓之官星,穴后拖撑之山,谓之鬼星。水口中的石头,谓之禽星,龙虎山肘之后尖石谓之曜星。

图 2　古代墓葬风水示意图

旧题五代黄妙应《博山篇·论砂》云:"两边鹄立,命曰侍砂,能遮恶风,最为有力;从龙抱拥,命曰卫砂。外御凹风,内增气势;挠抱穴前,命曰迎砂;平低似揖,拜参之职,面前特立,命曰朝砂。不论远近,特来为贵。"

堪舆学家认为,抱穴砂关元表水,龙虎砂关怀中水,近案砂关中堂水,外朝砂关外龙水。胜水峪砂水回环,平安峪山环水绕,双山峪内水环抱于吉穴前,成子峪两边近水环绕于吉穴前,算是上吉之地。

风水学说要求侧砂环抱有情,案山回报有情,朝山有情朝拱,水口情意顾内。在清东陵中,部分陵寝是以近处的影壁山为案山,以远处的金星山为朝山,又以各自的砂山左右护卫。而坐落在清西陵中的泰陵则以元宝山为案山,以蜘蛛山为朝山,左右砂护从而结。但为了适应这些要求,清陵数处的砂山是经过人工修补出来的。据《建筑工程》之《陵寝坛庙》记载,高宗裕陵在营建过程中,有朝臣上奏:"左右阴砂并近案稍低,应酌量培补,令徽高以配山川形势。"

在我国辽阔的地域中,受到祭祀最多的,也是人们最为熟知的"五岳",即东岳泰山、西岳华山、南岳衡山、北岳恒山、中岳嵩山。观其山形走势,嵩山如卧、泰山如坐、华山如立、恒山如行、衡山如飞。以华山为例,五峰视临天下,东曰朝阳峰,西曰莲花峰,南曰落雁峰,北曰云台峰,中曰玉女峰,峰峰各异。在五峰之外,又环围小峰七十余座,犹如一层层花瓣包裹着"主山"。

朝阳峰山冈如削,巍峨险峻。巨型天然石纹——仙人掌源自山上。顶上长满巨桧乔松,山风吹来,阵阵松涛如吟如诵;莲花峰云光霞海,绝崖千丈,沉香劈山救母——斧劈石源自山上;落雁峰四周群山起伏,苍苍莽莽,仰天池立其上,清澈透明,水涝不溢;云台峰四面悬绝,上冠景云,下通地脉,险峻如苍龙岭,千百年来流传着"韩退之投书"的故事。玉女峰林木苍翠,春秋五霸之一的秦穆公之女弄玉,吹箫引凤的美丽传说即源于此。穿行其中,香泡盈袖。华山是诸山咸止、诸水咸集、山水齐聚的栖龙之地。

而南京明孝陵,则以钟山为靠山,以江宁天印山为朝山,以梅花山为案山。

第三节　天人合一

春秋战国之际,"天人之辩"为哲学范畴的重要问题。孔子强调"畏天命",墨子在重视人的"强力而为"的同时,又提出"天志"的观念。老子提出

"人法地,地法天,天法道,道法自然"。就是说,人应顺应自然。孟子认为,人在德性方面,只要重视对"诚"的扩充,诚如《中庸》所讲:"惟天下至诚,为能尽其性;能尽其性,则能尽人之性;能尽人之性,则能尽物之性;能尽物之性,则可以赞天地之化育;可以赞天地之化育,则可以与天地参矣。"庄子主张"无以人灭天,无以故灭命,无以得殉名,谨守而勿失,是谓反其真"。意思是说,不要用人事去毁灭天然,不要用造作去毁灭性命,不要因贪得去求声名,谨守这些道理而不违失,这就叫作回复到天真的本性。荀子的观点是"明于天人之分",主张"制天命而用之"。中唐时期,"天人之辩"又掀起了热潮,刘禹锡提出"天与人交相胜"的观点。两宋时期,理学家大多持"物我合一"的观点来论证"天人合一"。

"天人合一"起源于庄子的哲学思想概念,庄子认为"天地与我并生,而万物与我为一"。后被西汉大儒董仲舒发展为哲学思想体系,并由此构建了中华传统文化的主体。

"天人合一"强调"天道"与"人道"、"自然"与"人为"的相通、相类及统一,认为人与天事相通,人的善性、知性便能知天,达到"上下与天地同流"。董仲舒强调天与人以类相符,他在《春秋繁露》卷十中讲:"天人之际,合而为一。同而通理,动而相益,顺而相受,谓之道德。"唐宋以后,多以孟子和《中庸》的观点从"理"、"性"、"命"等方面论证与"天人合一"的关系。明清之际,王夫子认为"惟其理本一原,故人心即天",强调"以人道率天道"。在儒家来看,天是道德观念和原则的本原,"七十从心所欲而不逾矩"。在道家看来,天即自然,人是自然的一部分,因此,"有人,天也;有天,亦天也"。

"天人合一"的思想体现了中华民族的世界观、价值观的思维模式的全面性和自新性。"道可道,非常道;名可名,非常名。无名,天地之始;有名,万物之母"。

第二章　帝陵名号

人固有一死。同是一死,因其生前尊卑有别,死后的称呼也各异。《礼记·曲礼下》云:"天子死曰崩,诸侯曰薨,大夫曰卒,士曰不禄,庶人曰死。"郑玄注:"异死名者,为人褒其无知,若犹不同然也。自上颠坏曰崩。薨,颠坏之声。卒,终也。不禄,不终其禄。死之言澌也,精神澌尽也。"《开元礼》规定:"凡百官身亡,三品以上称薨,五品以上称卒,六品以下达于庶人称死也。"

对于铭旌的使用,同样有着严格的等级之分。《开元礼》还规定:"公以下杠为龙首,四品五品幅长八尺,龙首,韬杠;六品以下幅长六尺,韬杠。"又据《大唐元陵仪注》记载:"设铭旌,以绛,广充幅,长二丈九尺,题云:'某尊号皇帝之枢',立于殿下。其三品以上长九尺,五品以上八尺,六品以下七尺,皆书某官封姓君之枢……"

《韩非子·诡使》云:"夫立名号,所以为尊也。"在皇帝政治制度中,其中最重要的一项就是皇帝名号。名号,即位号,指皇帝生前的年号、尊号以及身后的庙号、谥号及陵号。

第一节　庙号

"庙号",是指皇帝在太庙中被供奉时的称呼。起源于重视祭祀与敬拜的商朝。最初并不是所有君王都有庙号,一般君王死后会建筑专属的家庙祭祀,但在几代之后就必须毁去原庙,而于太庙合并祭祀。合于太庙祭祀,称之为"祧",如果每个君王的庙都留下,数代之后,为数众多的家庙会有祭祀上的困难。而对国家有大功、值得子孙永世祭祀的先王,就会特别追上庙号,以视永远立庙祭祀之意。亡国之君,如果在新的朝代沦落为臣的话,其庙号、陵号皆无。

另外,由于后世皇帝谥号字数增多,且几乎只要是后人继位的,皇帝子孙都会给父祖上美谥,曰谥号。谥号实际上已经无法显示对皇帝的评价,而庙号反而取代了谥号起到盖棺论定的功用。如唐朝帝王,李渊庙号高祖,李世民庙号太宗,李治庙号高宗,李显庙号中宗,李旦庙号睿宗,李隆基庙号玄宗,李亨庙号肃宗,李豫庙号代宗,李适庙号德宗,李诵庙号顺宗,李纯庙号宪宗,李恒庙号穆宗,李湛庙号敬宗,李昂庙号文宗,李炎庙号武宗,李忱庙号宣宗,李漼庙号懿宗,李儇庙号僖宗等。

　　一个有趣的现象,有的帝王在驾崩之后,庙号会有多个。这是由追尊、改谥等比较复杂的政治因素造成的。正如颜真卿《论元皇帝祧迁状》所云:"昔汉朝廷近古,不敢以私灭公,故前汉十二帝,为祖、宗者四而已。至后汉渐违经意,子孙以推美为先,自光武以下,皆有庙号,则祖、宗之名,莫不建也。"

第二节　谥号

　　"谥号",是指用一两个字对死者的一生做一个概括性的评价,即所谓"盖棺定论"。据文献记载,谥号起始于西周中叶。《逸周书·谥法解》云:"惟周公旦、太公望开嗣王业,建功于牧野,终将葬,乃制谥,遂叙谥法。谥者,行之迹;号者,功之表;古者有大功,则赐之善号以为称也。车服者,位之章也。是以大行受大名,细行受细名。行出于己,名生于人。名谓号谥。"

　　谥法在兴起之初,只有"美谥"、"平谥",并没有"恶谥"。谥号的"善"、"恶",是在周召共和时产生的,即周厉王因为暴政"防民之口甚于防川"等被谥为"厉"。春秋时期,谥法逐渐规范化、制度化,并明显地出现了"子议父,臣议君"的迹象。到了秦朝,秦始皇为了不让后人议论自己,故将谥法弃而不用。汉朝以"孝"治天下,所有皇帝的谥号都只有一个"孝"字,如孝惠帝刘盈、孝文帝刘恒、孝景帝刘启等等,一直到孝献帝刘协。魏晋南北朝时期,由于社会极具动荡,谥法也逐渐向平民化发展。进入隋唐时期,谥法发展到了空前的极致。首先赐谥要取决于"圣裁"。凡驾崩皇帝的谥号皆由礼官议上,在得到继位皇帝认可后方可颁布天下,而臣子的谥号依然由朝廷赐予。

　　一般来说,上了秩品的公卿及入品的夫人也可以拥有谥号,但帝王的谥号里一定有"皇帝"二字。在公卿大臣中,不乏陪葬帝陵、陪享太庙者,但没有独立的庙号和陵号。

　　上谥,即表扬类的谥号。如"文",表示具有"经纬天地"的才能,或"道德博厚"、"勤学好问"的品德;"康",表示"安乐抚民";"平",表示"布纲治纪"等。

中谥,多为同情类的谥号。如"愍",表示"在国遭忧"、"在国逢难";"怀",表示"慈仁短折"等。下谥,即批评类的谥号。如"炀",表示"好内远礼";"厉",表示"暴慢无亲"、"杀戮无辜";"荒",表示"好乐怠政"、"外内从乱";"幽",表示"壅遏不通";"灵",表示"乱而不损"等。除此之外,尚有私谥。私谥始于西周,盛于汉唐,士大夫死后,由其门生亲故根据谥法为之立谥。

在中国古代,对皇帝的称呼往往与其年号、谥号及庙号联系在一起的。皇帝的谥号,隋朝之前均为一字或二字,如西汉皇帝刘盈谥"惠"帝、刘恒谥"文"帝、刘启谥"景"帝,东汉皇帝刘秀谥"光武"帝等即是。从唐朝开始,皇帝的谥号字数逐渐增加,如天宝十三载(754)二月初七,玄宗祭祀太庙,"上高祖谥号曰神尧大圣大光孝皇帝,太宗谥曰文武大圣大广孝皇帝,高宗谥曰天皇大圣大弘孝皇帝,中宗谥曰孝和大圣大昭孝皇帝,睿宗谥曰玄真大圣大兴孝皇帝,以汉家诸帝皆谥孝故也"。就连武则天都被谥曰大圣则天皇后,天宝八载(749),加谥则天顺圣皇后。玄宗谥曰至道大圣大明孝皇帝;肃宗谥曰文明武德大圣大宣孝皇帝;代宗谥曰睿文孝武皇帝;德宗谥曰神武孝文皇帝;顺宗谥曰至德大圣大安孝皇帝;宪宗谥曰昭文章武大圣至神孝皇帝;穆宗谥曰睿圣文惠孝皇帝;敬宗谥曰睿武昭愍孝皇帝;文宗谥曰元圣昭献孝皇帝;武宗谥曰至道昭肃孝皇帝;宣宗谥曰圣武献文孝皇帝;懿宗谥曰昭圣恭惠孝皇帝;僖宗谥曰惠圣恭定孝皇帝;昭宗谥曰圣穆景文孝皇帝;哀帝谥曰昭宣光烈孝皇帝。

北宋时期,上谥号是为了"昭著圣猷,传示来世,流芳垂裕,永永无穷"。皇家规定谥议体例为骈体文,字数宜在八百至一千四百之间。如,宋太祖谥曰英武圣文神德皇帝,宋太宗谥曰神功圣德文武皇帝,宋真宗谥曰文明章圣元孝皇帝,宋仁宗谥曰神文圣武明孝皇帝,宋英宗谥曰宪文肃武宣孝皇帝,宋神宗谥曰英文烈武圣孝皇帝,宋哲宗谥曰钦文睿武昭孝皇帝,宋徽宗谥曰圣文仁德显孝皇帝,宋钦宗谥曰恭文顺德仁孝皇帝,等等。

皇帝生前叠加谀词,给自己定谥的先例始于武则天,由客观评判变成了一味溢美,字数的增加是溢美程度的发展。

第三节　陵号

"陵号",是指历代皇帝及皇后陵寝的名号。陵号产生于战国时期,秦朝帝王没有陵号,汉朝以后,陵号才得到了普及。帝王的陵号一般用于本朝,但有时也用来指代过世皇帝。

陵号是严格按照《逸周书》中的谥法解而命名。以汉陵为例,汉昭帝刘弗陵平陵之"平"字,治而无眚曰平;执事有制曰平;布纲治纪曰平。以唐陵为例,唐高祖李渊献陵之"献"字,博闻多能曰献;惠而内德曰献;智哲有圣曰献;聪明睿智曰献;唐太宗李世民昭陵之"昭"字,容仪恭美曰昭;昭德有劳曰昭;圣闻周达曰昭;声闻宣远曰昭;唐中宗李显定陵之"定"字,大虑静民曰定;安民大虑曰定;纯行不爽曰定;安民法古曰定;唐玄宗李隆基泰陵之"泰"字,循礼安舒曰泰;临政无慢曰泰。唐代宗李豫元陵之"元"字,能思辩众曰元;行义说民曰元;始建国都曰元;主义行德曰元。唐敬宗李湛庄陵之"庄"字,兵甲亟作曰庄;澼圉克服曰庄;胜敌志强曰庄;死于原野曰庄;屡征杀伐曰庄;武而不遂曰庄。唐让皇帝李宪惠陵之"惠"字,柔质慈民曰惠;爱民好与曰惠;柔质受谏曰惠,等等,不胜枚举。

关于唐高宗的陵名,有的朝臣建议:太宗山陵名曰昭陵,有昭示帝气之意,陛下陵就定名为承陵,以承接太宗恩泽。而高宗舅父长孙无忌奏曰:"梁山位于长安西北,在八卦中属乾位,乾为阳,为天,为帝。长安是陛下今世帝都,梁山自然为陛下万年寿域的天堂帝都,人间天堂,天地合一,乾坤相合,主定陛下永世为帝王。依臣之见,请定名为乾陵!"高宗闻后十分高兴,遂定名为乾陵。可长孙无忌哪里知道,袁天纲曾言,梁山阴气弥漫,不能选作陵址。今定名为乾陵,岂不注定有女人为帝吗? 后来发生的一切事情都应了袁天纲的预言。此外,还有一种说法是:在八卦中,"乾"代表着"西北"方向,该陵是以长安为中心,正好位于长安的西北方位,故称乾陵。考察唐代另外十七座帝陵,乃至我国数百座古代帝陵,均未发现以"乾、坤、震、巽、坎、离、艮、兑"八卦方位命名的先例。所以,我们只能说这纯粹属于一种方位上的巧合,不足为凭。相反,以献、泰、定、崇等美好吉祥字眼命名的皇陵几乎历代都有。

图 3　唐高宗乾陵　党明放 摄

历代帝王陵寝中,陵号普遍存在重复现象。

永安陵:一为南朝齐宣帝萧承之的陵寝(今江苏丹阳市胡桥镇狮子湾村),二为北宋宣祖赵弘殷的陵寝(今河南巩义市西村乡常封村)。

兴宁陵:一为南朝宋孝穆皇帝刘翘陵寝(今江苏镇江市谏壁镇张家荡村东),二为唐世祖李昞陵寝(今陕西咸阳市正阳乡后排村北)。

献陵:一为唐高祖李渊的陵寝(今陕西三原县徐木乡永合村西),二为明仁宗朱高炽和皇后张氏的陵寝(今北京市昌平区燕山山麓天寿山)。

昭陵:一为南北朝时期北周明帝宇文毓的陵寝(今陕西咸阳市渭城区底张镇一带),二为唐太宗李世民与文德皇后长孙氏的陵寝(今陕西省咸阳市礼泉县九嵕山),三为五代时期南汉中宗刘晟的陵寝(今广东广州市白云区东圃石马村),四为明穆宗朱载垕的陵寝(今北京市昌平区燕山山麓天寿山),五为清太宗皇太极与孝端文皇后博尔济吉特氏的陵寝(今辽宁沈阳市北)。

乾陵:一为唐高宗李治与武则天的合葬陵寝(今陕西乾县城北之梁山),二为辽景宗耶律贤和睿智皇后萧氏的合葬陵寝(今辽宁北镇市富屯乡龙岗子村)。

定陵：一为三国时东吴景帝陵寝（今安徽当涂县围屏乡龙华村），二为南北朝时期北周宣帝宇文赟的陵寝（今陕西咸阳市渭城区底张镇），三为西汉广宗王刘如意的陵寝（今河北邢台市威县西南部大高庙村），四为唐中宗李显的陵寝（今陕西富平县宫里镇三凤村北凤凰山），五为明万历皇帝朱翊钧的陵寝（今北京市昌平区燕山山麓天寿山），六为清咸丰皇帝爱新觉罗·奕詝的陵寝（今河北遵化市昌瑞山平安峪）。

泰陵：一为西夏景宗李元昊的陵寝（今宁夏银川市贺兰山东麓），二为隋文帝杨坚与独孤皇后的合葬陵寝（今陕西杨陵区五泉镇王上村），三为唐玄宗李隆基与元献皇后杨氏的合葬陵寝（今陕西蒲城县椿林镇唐陵村金粟山南麓），四为明孝宗朱祐樘的陵寝（今北京市昌平区笔架山东南麓），五为清世宗雍正皇帝与孝敬宪皇后及敦肃皇贵妃的合葬陵寝（今河北易县永宁山）。

建陵：一为南朝梁文帝萧顺之陵寝（今江苏丹阳市荆林乡三城巷），二为唐肃宗李亨的陵寝（今陕西礼泉县昭陵社区石马岭村武将山南麓）。

崇陵：一为唐德宗李适的陵寝（今陕西泾阳县蒋路乡嵯峨山南麓），二为清光绪皇帝爱新觉罗·载湉的陵寝（今河北易县西陵镇清西陵金龙峪）。

景陵：一为北魏宣武帝元恪的陵寝（今河南洛阳古墓博物馆西院），二为唐宪宗李纯的陵寝（今陕西蒲城县义垅村金帜山南麓），三为明宣宗朱瞻基与皇后孙氏的合葬陵寝（今北京市昌平区燕山山麓天寿山），四为清圣祖爱新觉罗·玄烨（康熙帝）的陵寝（今河北遵化马兰峪清东陵昌瑞山脚）。

庄陵：一为梁简文帝萧纲的陵寝（今江苏丹阳市荆林乡三城巷），二为隋恭帝杨侑的陵寝（今陕西乾县阳洪乡乳台村南），三为唐敬宗李湛的陵寝（今陕西三原县陵前镇柴窑村东）。

和陵：一为唐昭宗李晔的陵寝（今河南偃师市顾县镇曲家寨村南），二为五代时期后蜀太祖孟知祥的陵寝（今四川成都市磨盘山南麓）。

在历代帝王陵号中，在"陵"字之前有加一字者，有加两字者。加两字者主要出现在南朝宋、齐、陈及两宋时期。如南朝，宋武帝刘裕的初宁陵，宋文帝刘义隆的长宁陵，宋孝武帝刘骏的景宁陵，宋明帝刘彧的高宁陵等。齐宣帝萧承之的永安陵（追尊），齐高帝萧道成的泰安陵，齐明帝萧鸾的兴安陵，齐武帝萧赜的景安陵,齐景帝萧道生的修安陵(追尊),齐和帝萧宝融的恭安陵等。陈武帝陈霸先的万安陵,陈文帝陈蒨的永宁陵,陈宣帝陈顼的显宁陵等。而北宋宣祖赵弘殷的永安陵(追尊),北宋太祖赵匡胤的永昌陵,北宋太宗赵光义的永熙陵,北宋真宗赵恒的永定陵,北宋仁宗赵祯的永昭陵,北宋英宗赵曙的永厚陵,北宋神宗赵顼的永裕陵及北宋哲宗赵煦的永泰陵等,南宋高宗赵构的永思陵,南宋孝宗赵眘的永阜陵,南宋光宗赵惇的永崇陵,南宋宁宗赵扩的永茂陵,南宋理宗赵昀的永穆陵,南宋度宗赵禥的永绍陵及南宋端宗赵昰的永福陵等。在两宋帝陵中,陵名首字皆选"永"字,一"永"到底,整齐划一。

北魏自道武帝拓跋珪至孝武帝元修,共十一帝历七世一百四十七年。在都城问题上出现了前所未有的折腾:先从盛乐迁到平城,又从平城迁到洛阳,最终遭遇亡国之乱。从道武帝拓跋珪到献文帝拓跋弘,五位皇帝均葬在云中,一直沿用"金陵"陵号,合称"云中金陵"。除道武帝拓跋珪和明元帝拓跋嗣的陵寝可以确定分别在林格尔县(今内蒙古呼和浩特)和托克托(今内蒙古呼和浩特)外,其余三座陵址均不可考。原因可能与北方民族传统的"潜埋"习俗有关。据《宋书》卷九十五《索虏列传》记载:"死则潜埋,无坟垄处所,至于葬送,皆虚设棺柩,立冢椁,生时车马器用皆烧之以送亡者。"

清朝帝陵的命名比较复杂:第一种情况,如果皇帝已经驾崩,而陵寝尚未建成,或陵寝建成不久,梓宫尚未葬入之前,就为大行皇帝陵寝拟定名号,如世宗孝陵、穆宗惠陵以及德宗崇陵等。随着时间的推移,帝陵名号也在变动之中。如顺治陵寝,初称"世祖章皇帝陵",后称"世祖章皇帝山陵",直至康熙元年(1662)三月初一,康熙降谕:"尊世祖章皇帝陵曰孝陵。"第二种情况,陵寝已经开始动工,但尚未有皇后等待入葬,陵寝则称万年吉地。如兴建于乾隆八年(1743)的裕陵,初称圣水峪万年吉地。乾隆十七年(1752),葬入孝贤皇后之后,改称孝贤皇后陵。乾隆驾崩后,正式定陵号为裕陵。

即便是为皇帝建成的陵寝,而先葬入皇后的,陵寝暂时以皇后谥号命名。但随着入葬皇后人数的增加,陵寝名号也会随之变化,如康熙景陵。康熙十三年(1674),皇后赫舍里氏薨,谥曰仁孝皇后。康熙十五年(1676),称仁孝皇后陵寝。康熙二十四年（1685），康熙第二位皇后孝昭皇后葬入此陵，故陵名改称仁孝皇后、孝昭皇后陵寝。康熙二十八年（1689）十二月二十日，再葬孝懿皇后佟佳氏入内，又改称陵名为仁孝皇后、孝昭皇后、孝懿皇后陵寝。康熙六十一年（1722）十一月十三日，康熙驾崩，遂与三皇后同葬。雍正元年（1723）十二月十七日，陵寝正式名号为景陵。

在清陵名号中，唯道光慕陵特殊。道光十五年（1835），宣宗将年仅四岁的皇四子奕詝及三岁的皇六子奕䜣叫到身边，教读朱谕："敬瞻东北，永慕无穷，云山密迩。呜呼，其慕与慕也。"并藏之殿内东暖阁。道光三十年（1850）正月，宣宗驾崩，奕詝即位，是为文宗，改元咸丰。宣读宣宗遗旨，遂命宣宗陵寝名号为慕陵。尽管在谥法解中并无"慕"字，但还是比较贴近宣宗对父母"终生孺慕"的意义。

第四节　追尊陵号

在帝王陵寝制度中，有一个不约而同的惯例，那就是不同朝代都会出现被追封的祖陵。历朝的开国皇帝，往往会追尊自己数代祖先为皇帝。一般情况下，只是将原有的坟墓加以修葺，或者重建，堂而皇之地冠以"陵号"即可。

南朝宋武帝刘裕建国后，追尊自己的父亲刘翘为孝穆皇帝，母亲赵氏为孝穆皇后，并在丹徒京口（今江苏镇江市京口区）东为其建造兴宁陵。宋文帝刘义隆即位后，追尊自己的母亲胡婕妤为章皇太后，并在丹徒京口为其兴建熙宁陵。

李渊祖父李虎，字威猛，陇西成纪（今甘肃天水市秦安县）人，西魏八柱国之一，官至左仆射，封陇西郡开国公，"荣盛恩宠，莫与为比"。西魏大统十七年（551）五月卒，北周建立政权后，被追封为唐国公，谥襄。初葬长安，隋大业二年（606）迁葬清水（今甘肃清水县）。李渊建唐后，于武德元年（618），又将其灵柩从清水迁回长安（今陕西三原县陵前镇石马道村北），并追尊为景皇帝，庙号太祖，葬地称永康陵。

李渊之父李昞，因佐周伐魏之功，擢为北周安州总管，赐柱国大将军，袭封陇西郡公，北周保定四年（564），加封唐国公。北周建德元年（572）卒，谥仁,葬咸阳塬(今陕西咸阳市韩家湾乡怡魏村南)。实际上这是一座典型的北周国公墓。武德初,李渊追尊其为元皇帝,庙号世祖,其葬地称兴宁陵。

永昌元年(689),武则天在临朝称制期间,追尊其父武士彟为周忠孝太皇,母杨氏为忠孝太后,并将咸阳塬(今陕西咸阳市底张镇陈家村西南)的杨氏墓号为明义陵。天授元年(690)九月初九,则天称帝,再追尊其父为太祖孝明高皇帝,其母为太祖孝明高皇后,再改明义陵为顺陵。开元元年(713),李隆基即位后,才削去武士彟的太祖孝明高皇帝及杨氏的太祖孝明高皇后之号,仍称太原王、太原王妃,诏改顺陵为王妃墓。母以女贵,杨氏墓也就随其女武则天风光了二十多年。

李宪(678—741),本名李成器,睿宗李旦嫡长子,因推让皇位,有高世之风。睿宗顺应人望,乃许之请。开元七年(719),徙封宁王,以表其恭谨谦让,安守臣节,不干预朝政,不私结党羽。开元二十九年(741)病卒,玄宗李隆基号泣失声,念兄长推让之功,追赠其为让皇帝,李宪妃元氏为恭皇后,祔葬同州奉先县(今陕西蒲城县)西北十里桥陵之侧。出殡时,适逢大雨,玄宗命庆王李潭等文武百官于泥泞中送灵十里。葬以王仪,号墓为陵,曰惠陵。

至正二十八年(1368),朱元璋在应天府(今江苏南京市)称帝,是为太祖,改元为明,年号洪武。据《明史》卷五十八记载:

> 太祖即位,追上四世帝号。皇祖考熙祖,墓在凤阳府泗州蟒城北,荐号曰祖陵。设祠祭署,置奉祀一员,陵户二百九十三。皇考仁祖,墓在凤阳府太平乡。太祖至濠,尝议改葬,不果。因增土以培其封,令陵旁故人汪文、刘英等二十家守视。洪武二年荐号曰英陵,后改称皇陵。设皇陵卫并祠祭署,奉祀一员、祀丞三员,俱勋旧世袭。陵户三千三百四十二,直宿洒扫。礼生二十四人。

洪武二年(1369),朱元璋依北宋帝陵旧制,开始在家乡安徽凤阳县为自己的父母修建陵寝,"悼往推恩,旌椒兰之懿行,传美名于千古"。洪武十二年(1379)建成,追尊父亲朱五四为淳皇帝,陵号英陵,后改称皇陵。洪武十九年

图4 唐让帝惠陵 党明放 摄

(1386)，朱元璋又在江苏盱眙县洪泽湖西岸建造祖陵，追尊其祖父朱初一为熙祖裕皇帝，曾祖朱四九为懿祖恒皇帝，高祖朱百六为德祖玄皇帝。

清太祖努尔哈赤即位后，追赠其远祖孟特穆为肇祖原皇帝、曾祖福满为兴祖直皇帝、祖父觉昌安为景祖翼皇帝、父亲塔克世为显祖宣皇帝。

第五节 命谥规范

命谥有着特定的用字规范，既不能对立谥之字随意乱用，也不可任意解释。如庄、武、文、宣、襄、明、睿、康、景、懿等作为具有褒扬之意的上谥；怀、悼、哀、闵、殇等作为具有怜惜之意的平谥；恶谥则具有贬抑之意，如厉、灵、炀等。在先秦史籍《逸周书》中就有专门的谥法，当属历代朝廷给谥的范本，现举其要者罗列如下。

圣：称善赋简曰圣，敬宾厚礼曰圣。

帝：德象天地曰帝。

皇：静民则法曰皇。

王:仁义所在曰王。

君:赏庆刑威曰君,从之成群曰君。

简:壹德不解曰简,平易不疵曰简,正直无邪曰简。

文:经纬天地曰文,道德博闻曰文,学勤好问曰文,慈惠爱民曰文,愍民惠礼曰文,锡民爵位曰文。

武:刚强理直曰武,威强澼德曰武,克定祸乱曰武,刑民克服曰武,夸志多穷曰武。

恭:敬事供上曰恭,尊贤贵义曰恭,尊贤敬让曰恭,既过能改曰恭,执事坚固曰恭,爱民长弟曰恭,执礼御宾曰恭,芘亲之阙曰恭,尊贤让善曰恭,渊源流通曰恭。

定:大虑静民曰定,安民大虑曰定,安民法古曰定,纯行不二曰定。

襄:辟地有德曰襄,甲胄有劳曰襄。

孝:五宗安之曰孝,慈惠爱亲曰孝,协时肇享曰孝,秉德不回曰孝。

康:丰年好乐曰康,安乐抚民曰康,令民安乐曰康。

穆:布德执以曰穆,中情见貌曰穆。

昭:昭德有劳曰昭,容仪恭美曰昭,圣闻周达曰昭。

静:柔德考众曰静,恭己鲜言曰静,宽乐令终曰静。

平:治而无眚曰平,执事有制曰平,布纲治纪曰平。

景:由义而济曰景,布义行刚曰景,耆意大虑曰景。

贞:清白守节曰贞,大虑克就曰贞,不隐无屈曰贞。

桓:辟屠服远曰桓,克敬勤民曰桓,辟土兼国曰桓。

惠:柔质慈民曰惠,爱民好与曰惠,柔质受谏曰惠。

元:能思辩众曰元,行义说民曰元,始建国都曰元,主义行德曰元。

庄:兵甲亟作曰庄,澼围克服曰庄,胜敌志强曰庄,死于原野曰庄,屡征杀伐曰庄,武而不遂曰庄。

敬：夙夜警戒曰敬，夙夜恭事曰敬，象方益平曰敬，善合法典曰敬。

灵：死而志成曰灵，乱而不损曰灵，极知鬼神曰灵，不勤成名曰灵，死见神能曰灵，好祭鬼神曰灵。

殇：短折不成曰殇，未家短折曰殇。

炀：去礼远众曰炀，好内远礼曰炀，好内怠政曰炀。

第三章　帝陵格局

　　格局,本指一种格式、布局,或一种结构。在不同的历史时期,王陵、帝陵的建造有着不同的格局。

第一节　殷周时期

　　殷周时期,王侯列鼎而葬,墓而不坟,不封不树。东汉崔寔在《政论》里讲,"古者墓而不坟,文武之兆,与平地齐。"意思就是简单到不留号记标志,不言丧礼祭礼。《易·系辞传下》讲:"古之葬者,衣之以薪,葬之中野,不封不树。"所谓"不封",就是在地面上没有封土堆;所谓"不树",就是在墓地不种树木。及至后来,古代帝王的墓地以所种树木来区分等级。《含文嘉》载,"天子植松树,诸侯植柏树,大夫植栾树,士植槐树,庶人植杨柳树。"《白虎通》卷十《崩薨》引《含文嘉》记载:"天子坟高三仞,树以松;诸侯半之,树以柏;大夫八尺,树以栾;士四尺,树以槐;庶人无坟,树以杨柳。"

　　周朝的棺椁也有着严格的等级制度。《礼记·檀弓上》记载:"天子之棺四重,水兕革棺被之,其厚三寸;杝棺一;梓棺二。四者皆周……柏椁以端长六尺。"郑玄注:"诸公三重,诸侯两重,大夫一重,士不重。"清代学者金鹗认为郑玄的注释有误,故在其《求古录礼说》卷八《棺椁考》中指出:"天子之下即应是诸侯,不该再分出诸公,故西周时期棺椁制度应当改为'天子四重,诸侯三重,大夫二重,士不重'。"《荀子·礼论篇》云:"天子棺椁十(按:"七"之误)重,诸侯五重,大夫三重,士再重。"有学者分析认为,所谓"天子棺椁七重"应为"三椁四棺","诸侯五重"应为"二椁三棺","大夫三重"应为"一椁二棺","士再重"应为"一椁一棺"。考古发现,长沙象鼻嘴一号长沙王吴著墓为三椁。

　　针对棺椁规格、色彩及用料,《礼记·丧大记》记载:"君大棺八寸,属六寸,椑四寸;上大夫大棺八寸,属六寸;下大夫大棺六寸,属四寸,士棺六寸。君里棺用朱绿,用杂金钻;大夫里棺用玄绿,用牛骨钻;士不绿。君盖用漆,三衽三束;大夫盖用漆,二衽二束;士盖不用漆,二衽二束。君、大夫鬐爪;实于绿中;士埋之。"

因死者身份及地位的不同，在出殡的形式和礼节上也存在着很大的差异。《礼记·丧大记》记载："君殡用輴，攒至于上，毕涂屋；大夫殡以帱，攒置于西序，涂不暨于棺；士殡见衽，涂上帷之。""熬，君四种八筐，大夫三种六筐，士二种四筐，加鱼腊焉。"其中，"君四种八筐"，是指君王殡时，用八只筐子盛装所用的黍、稷、稻、粱四种谷物。"大夫三种六筐"，是指大夫殡时，用六只筐子盛装所用的黍、稷、粱三种谷物。"士二种四筐"，是指士人殡时，用四只筐子盛装所用的黍、稷二种谷物。

因死者身份和地位的不同，而棺饰各异。《礼记·丧大记》载：

> 饰棺，君龙帷、三池，振容。黼荒，火三列，黼三列。素锦褚，如伪荒。纁纽六。齐，五采五贝。黼翣二，黻翣二，画翣二，皆戴圭。鱼跃拂池。君纁戴六，纁披六。大夫画帷二池，不振容。画荒，火三列，黻三列。素锦褚。纁纽二，玄纽二。齐，三采三贝。黻翣二，画翣二，皆戴绥。鱼跃拂池。大夫戴前纁后玄，披亦如之。士布帷布荒，一池，揄绞。纁纽二，缁纽二。齐，三采一贝。画翣二，皆戴绥。士戴前纁后缁，二披用纁。君葬用輴，四綍二碑，御棺用羽葆。大夫葬用輴，二綍二碑，御棺用茅。士葬用国车。二綍无碑，比出宫，御棺用功布。凡封，用綍去碑负引，君封以衡，大夫士以咸。君命毋哗，以鼓封；大夫命毋哭；士哭者相止也。

因死者身份和地位的不同，殡葬日期也不相同。《礼记·王制》云："天子七日而殡，七月而葬；诸侯五日而殡，五月而葬；大夫、士、庶人三日而殡，三月而葬。"《左传·隐公元年》载："天子七月而葬，同轨毕至；诸侯五月，同盟至；大夫三月，同位至；士逾月，外姻至……"

战国早期，姬姓曾国国君曾侯乙墓整个椁室由底板、墙板、盖板共171根巨型长方木铺垫垒叠而成。木料的规格有两种，一种长10米左右，宽厚在0.5—0.65米之间。另一种长6米左右，宽厚亦在0.5—0.65米之间。北室的盖板和底板各用木材 10 根,长度在 5.8—6 米之间,宽 0.5—0.55 米,厚 0.55—0.6 米。东室的盖板和底板共用木材 34 根,长度约 6.1 米,宽 0.6—0.65 米,厚 0.55—0.6 米。据初步估算,仅使用成材的楠木多达 500 立方米。其木椁全部为梓木,而填塞木椁顶面及四周防潮木炭多达 60 吨,并在木炭之上覆筑青膏泥、白膏泥,其上盖铺石板,再覆筑五花土,直达墓口。而曾侯乙青铜架楠木髹漆彩绘木棺重达 7 吨,分内外两层,内棺长 2.49 米,宽 1.27 米,高 1.32 米;外棺长 3.2 米,宽 2.1 米,高 2.19 米。据不完全统计,在漆棺外壁,用黑、黄颜料喷绘出形态各异的神、龙、鸟、蛇及兽等图像 900 多个。棺材盖面的图案由 136 条龙组成,共有 4 行,每行 17 组,每组有龙两条,首尾相接。在两侧壁板上各绘一"田"字型的窗棂,在窗棂两侧的守门者为执戟的神兽。椁内分作东、中、北、西四室,棺分内外双重,内棺外面彩绘门窗及守卫的神兽武士,外棺有青铜框架。东室放置主棺一具,彩绘陪棺八具;西室放置彩绘陪棺十三具,多为 13—25 岁女性。北室放置兵器、车马器及竹简;中厅内置大量礼乐器;在东室通往中厅的门洞处置放狗棺一具。地宫东西长 21 米,南北宽 16.5 米,距地表深 13 米,面积为 220 平方米。

图 5　曾侯乙墓葬形制

殷周之后,君王模仿皇宫建筑,都会在都邑建置宗庙,其建置分前、后两部分。前有"朝",系祭祀场所,里面供奉着神主牌位,称之为"庙"或"宗庙"。春秋之前,在礼制上,宗庙除了用作祭祀先祖的场所之外,在政治上,还作为举行典礼及宣布决策的地方。每遇军国大事,都要先到宗庙向神主禀报,朝礼、聘礼、策命礼,以及战后的献俘礼等都要在宗庙举行。由此可见,宗庙的地位是凌驾于朝廷之上的。后为陈列神主的衣冠和生活用品,系瞻仰场所,称之为"寝"。《诗》云:"寝庙奕奕",言相连也。由于"庙"与"寝"的用途不同,其建筑样式也不一样。《尔雅·释宫》说:"室有东西厢曰庙,无东西厢有室曰寝。""庙"是按照"朝"的样式建筑的,所以,朝在室的两侧要有东西厢房。

陵顶起"寝"则始于殷商。《汉书》卷七十三《韦贤传附韦玄成传》载:"园中各有寝、便殿。"颜师古注:"寝者,陵上正殿,若平生路寝矣。便殿者,寝侧之别殿耳。"按照蔡邕的说法,秦始皇为了便于死者灵魂能够就近饮食和起居,便在陵旁立"庙",陵侧起"寝"。

第二节 秦汉时期

秦始皇陵是中国历史上第一位皇帝嬴政的陵寝。《括地志》载:"秦始皇陵在雍州新丰县西南十里。"《关中记》载:"始皇陵在骊山(今陕西西安市临潼区骊山北麓)。泉本北流,障使东西流。有土无石,取大石于渭诸山。"

骊山山势高耸,树木茂盛,多奇花异草,鸟语花香,是神话传说中女娲生活过的地方,又是中国历史上"褒姒一笑,幽王痛失江山"的故事发生地。骊山风景以山色艳丽著称,"骊山晚照"更是驰誉中外的"关中八景"之一。每当夕阳西下,骊山所呈现出的壮丽景象,令人心旷神怡。明人刘秀储《骊山晚照》诗云:"由来骊山多奇峰,一望岚光翠且重。复次斜阳相映处,红云朵朵照芙蓉。"清人朱集义《骊山晚照》诗云:"幽王遗没旧荒台,翠柏苍松绣作堆。入暮晴霞红一片,尚疑烽火自西来。"《水经注》云:"秦始皇大兴厚葬,营建冢圹于骊戎之山,一名蓝田,其阴多金,其阳多美玉,始皇贪其美名,因而葬焉。"

陵园依照国都咸阳城的格局设计,据《秦始皇帝陵考古报告》,秦始皇陵有内、外两重夯土城垣,建筑结构平面呈长方形,内城长 1355 米,宽 580 米,周长 3870 米,外城周长 6321 米。整个陵区范围约两平方公里。

从总体上看,秦始皇陵就是一座坐北向南的皇都宫城,但陵城和地宫的正门却是面东,也就是说,陵园坐西面东。陵墓位于内城垣右部,左部为寝殿和便殿。从礼制方面考察,秦朝以右为尚,故将陵墓置于右部,不但主次明确,而且也与文献上"起殿于墓侧"的记载相吻合。

秦始皇陵冢位于内城南部,呈覆斗形,外表呈四棱柱体,一喻东西南北四面,代指四方天下;二喻春夏秋冬四季,代指古往今来。顶部略微平坦,自下而上,筑有陵台三层。按照《汉书》记载,秦始皇陵"其高五十余丈,周回五里余"。汉代一丈折合今天的 2.30 米,以此计算,秦始皇陵原高度为 115 米,经过两千多年的风雨剥蚀,再加上人为因素的破坏,现高 51 米。底部近似正方形,南北长 515 米,东西宽 485 米,底边周长 1700 余米。唐人许浑曾作《途经秦始皇墓》,诗中吟道:"龙盘虎踞树层层,势入浮云亦是崩。一种青山秋草里,路人唯拜汉文陵。"

图 6　秦始皇陵远眺　陈雪华 摄

据史料记载,秦始皇陵园中曾建有各式宫殿,陈列着许多奇珍异宝。秦陵四周分布着大量形制不同、内涵各异的陪葬坑和陪葬墓,其中包括举世闻名的、被誉为"世界第八大奇迹"的兵马俑坑。1987 年 12 月,秦始皇陵及兵马俑坑被联合国教科文组织批准列入《世界遗产名录》。

经对秦始皇陵地宫钻探,在垂直 26 米深处仍然是夯土层。专家推测秦始皇陵地宫深度当在 50 米左右。

关于秦始皇陵的地宫,根据现代科学探测提供的资料分析,地宫的主体部分应是一个广口小底的直竖式方形坑穴。据科学探测,地宫四周有宫城墙,宫城平面近似方形,采用砖坯砌成,南北长 460 米,东西宽 392 米,墙体高、宽各为 4 米。

在秦始皇陵园西侧,则是埋葬修陵役徒的墓地。

西汉(前 206—8)是中国历史上继秦朝之后的大一统王朝,历 12 帝 210年,史称"前汉"。东汉(25—220)传 8 世共 14 帝,历 195 年,史称"后汉"。

在京师长安(今陕西西安市),西汉帝陵分设长安城东南陵区和咸阳塬陵区。在长安城东南陵区,则分布着汉文帝刘恒霸陵、汉宣帝刘询杜陵。因政治中心南移,为了形成"渭水贯都,以象天汉"的规模,导致汉陵只能往咸阳东南延伸。咸阳塬陵区地势开阔,黄土深厚,面临渭河,遥望终南,背靠北山,依势而建,皆能体现皇权的至高无上。自东而西依次为:汉景帝刘启阳陵、汉高祖刘邦长陵、汉惠帝刘盈安陵、汉哀帝刘欣义陵、汉元帝刘奭渭陵、汉平帝刘衎康陵、汉成帝刘骜延陵、汉昭帝刘弗陵平陵、汉武帝刘彻茂陵,加之派驻军队,既可守陵,又可拱卫京师,备御胡骑。九座帝陵东西一线,绵延百里,号称"渭北九陵"。

在西汉十一座帝陵中,东门皆为正门。汉高祖刘邦长陵(今陕西咸阳渭城区正阳镇怡魏村)首开"因陵设县"之先河。汉文帝霸陵(今陕西西安市东郊白鹿原东北)首开"因山为陵"之先例,所谓"因山为陵",就是将墓室直接开凿在山体之中,或称"崖墓",四周广种柏树。

据说,崖墓形制的产生与道家的"羽化升天"有关,即出现了人死后可以"带体升天",得道使肉体成仙的观念。由此观念,出现了陵庙的建置。除汉高祖刘邦、汉惠帝刘盈的陵庙建于长安城内,汉文帝刘恒的陵庙建于长安城南外,自景帝刘启开始,创立"陵旁立庙"制度。清人徐乾学《读礼通考》卷九十四云:"汉不师古,诸帝之庙不立于京师而各立于陵侧,故有朔望及时节诸祭,此实祭庙,非祭陵也。又皆祠官致祭,天子不亲行,即世祖祭长安诸陵,止因巡幸而祭之,亦非特祭。其率百官而特祭于陵,实自明帝始也。"《汉书》卷七十三《韦贤传》载:"京师自高祖下至宣帝,与太上皇、悼皇考各自居陵旁立庙,并为百七十六。又园中各有寝、便殿。日祭于寝,月祭于庙,时祭于便殿。寝,日上四食;庙,岁二十五祠;便殿,岁四祠。又月一游衣冠。"

在陵寝与陵庙之间辟有一条通道,到了祭祀的日子,就要把"寝园"中先帝生前穿戴过的衣冠"请出",通过专用通道游历到"陵庙",谓之"衣冠所出游道",或称"衣冠道"、"宗庙道"、"游衣冠"、"游道",意在引领墓主的灵魂到陵庙中接受祭祀。

出游衣冠时,为了显示隆重和气派,还得动用车马护送。据《汉书》卷七十三《韦玄成传》记载:"今衣冠出游,有车骑之众。"除了每月一次的"游衣冠"外,尚有其他祭祀活动,如《汉书》卷七十三《韦玄成传》注引:

> 五月尝麦,六月、七月三伏,立秋貙娄,又尝粢。八月先夕馈飨,皆一太牢,酎祭用九太牢。十月尝稻,又饮蒸,二太牢。十一月尝,十二月腊,二太牢。又每月一太牢,如闰加一祀,与此上十二为二十五祠。

通常情况下,游衣冠专用通道隶属掌宗庙礼仪的专门机构——太常管辖,如果出了问题,就得担责。《汉书》卷十九《百官公卿表下》载,元朔二年(前127),"蓼侯孔臧为太常,三年,南陵桥坏,衣冠道绝,免。"

据《汉书》卷八十一《匡张孔马传》记载:

> 禹年老,自治冢茔,起祠室,好平陵肥牛亭部处地,又近延陵,奏请求之。上以赐禹,诏令平陵徙亭它所。曲阳侯根闻而争之:"此地

当平陵寝庙衣冠所出游道，禹为师傅，不遵谦让，至求衣冠所游之道，又徙坏旧亭，重非所宜……宜更赐禹它地。"根虽为舅，上敬重之不如禹，根言虽切，犹不见从，卒以肥牛亭地赐禹。

由此可见，到了西汉晚期，"衣冠道"已经不显得那么重要了。

每逢正月，公卿百官、皇亲国戚，以及地方郡吏皆聚集京师，出席朝贺皇帝的仪式，谓之"元会仪"。永平二年（59），东汉明帝刘庄为了表达对先帝的思念之情和孝敬之心，遂将每年正月举行的"元会仪"移至光武帝刘秀原陵（今河南孟津县白鹤镇铁榭村），向光武灵位行朝拜祭祀之礼，地方郡吏则依次向光武灵位禀报黎民疾苦及风土民情等，以便于光武的在天之灵明察国事。与此同时，又把每年八月在宗庙举行的"酎祭礼"也移到陵寝中举行，谓之"上陵礼"。

为了进一步适应礼制的需要，还会在原有陵寝基础设施上进行扩建，诸如举行仪式的大殿，悬挂大钟的钟虡等。在上陵礼中，"钟鸣，谒者治礼引客，群臣就位如仪"。"高祖庙钟十枚，各受十石，撞之声闻百里"。

"寝园"，或称"园寝"，是指以寝殿为中心的建筑群。"寝园"之名始于汉朝。据《后汉书·祭祀志下》云："汉诸陵皆有园寝，承秦所为也。"又云："秦始出寝，起于墓侧，汉因而弗改。"根据中山国王陵中的兆域图，称陵墓上的中心建筑为"堂"，堂内置编钟，秦改称"陵寝"。颜师古注《汉书》卷七十三《韦贤传附韦玄成传》云："寝者，陵上正殿，若平生路寝矣。便殿者，寝侧之（别）殿耳。"堂上设神座、床、几、匣、匮、被、枕、衣冠以及日常生活用具，由宫人如同对待活人一般侍奉。每天"随鼓漏，理被枕，具盥水，陈严（妆）具"，并且四次按时向墓主进奉食品。这种"日祭于寝"、"日上四食"的陵寝制度得到了传承。

西汉时期，又称"陵寝"为"寝殿"。规制是，帝陵坐西朝东，寝殿则位于陵墓之北。从西汉盛世的开创者——汉景帝刘启阳陵开始，寝殿被易至陵园之外帝陵东南。东汉帝陵的陵寝，一般都建造在帝陵之东。

阳陵居于陵园中部偏西。后陵、嫔妃及王公大臣陪葬墓区、罗经石遗址位于帝陵南北两侧，左右对称；刑徒墓地及三处建筑遗址在帝陵西侧，呈南北一字排列。陪葬墓园呈棋盘状分布于帝陵东侧的司马道两侧;阳陵邑则设在陵园的东端。整个陵园以帝陵为中心,四角拱卫,南北对称,东西相连,布局规整,结构严谨,显示了唯我独尊的皇家意识和严格的等级观念。

西汉帝陵还有一个特点,就是在陵园附近设置陵庙。陵庙是由宗庙发展而来。公元前156年,景帝刘启在文帝刘恒的霸陵旁建立了陵庙,称霸陵陵庙。中元四年(前146),景帝刘启诏令在自己的陵寝——阳陵,建造德阳宫,称阳陵陵庙,长此以往,"陵旁立庙"制度便持续到了汉末。

关于陵庙制度,文献记载是起始于汉高祖刘邦长陵,而专家考证则始于汉文帝刘恒霸陵。正殿乃陵庙的主体建筑,另有便殿,周有城垣,四面各辟一门,谓之"庙园"。

汉陵墓室被称为"方中","方中"的玄宫,称作"明中",一般高一丈七尺,周长二丈,距离地表深为十三丈。

帝王之棺称作"梓宫",四重,内涂朱红色,外施以黑色,上面彩绘日月鸟兽图案。梓宫长一丈三尺,宽高各为四尺。

墓室四面居中位置各辟一条墓道,谓之"羡道"。在羡道与方中相通处有"羡门",在地面上与羡道相连接的道路,被称为"神道",分别与陵园四面司马门相对。

西汉承袭秦朝规制,墓上建筑石阙、石祠堂及墓前石刻,风行建造城门、宫殿、祠庙及墓前对称的石刻。

阙,又称两观,是最早出现在周朝的建筑物,称作象魏,主要用途是表示大门。春秋战国时期,阙建于宫门前以供张贴告示或法令。西汉时期,墓阙一般两座相对,分列于神道两旁,由础石、阙身和阙顶组成,高为2—6米不等,阙身装饰有人物、禽兽、花卉之类的图案,阙顶样式或单檐或重檐。

东汉迁都洛阳,也在洛阳城东南和西北分设两大陵区。在东南陵区,分布着明帝刘庄显节陵、章帝刘炟敬陵、和帝刘肇慎陵、殇帝刘隆康陵、冲帝刘炳怀陵、质帝刘缵静陵、桓帝刘志宣陵。在西北陵区,分布有光武帝刘秀原陵、安帝刘祜恭陵、顺帝刘保宪陵、灵帝刘宏文陵。

在东汉十二座帝陵中,自明帝刘庄显节陵开始,已经不再设置陵邑,并废除"陵旁立庙",继之而来的是开创在墓前修建石殿,主张实行"同堂异室"的供奉制度,并改用"行马"(古称梐枑,俗称鹿角,拦阻人马通行的栅栏,置于官署前,以为路障)替代陵园四周城垣。又将寝殿及寝园吏舍迁至陵之东侧。

第三节　唐宋时期

唐长安城是中国历史文化名城,周、秦、汉、西晋、前赵、前秦、后秦、西魏、北周、隋、唐等十三朝曾建都于此,与南京、洛阳、北京、开封、杭州、安阳并称"七大古都",隋称大兴城,是中国古代规模最为宏伟壮观的都城,城池在规划过程中,包含"法天象地"、"天人合一"的理念。

唐长安城南北长为 8651 米,东西宽为 9721 米,面积 84 平方公里,周长 35.5 公里,墙宽 12 米左右,墙高 5 米多。按中轴对称布局,由宫城、皇城及外郭城组成。宫城位于全城北部中心,皇城在宫城之南,外郭城则以宫城、皇城为中心,向东西南三面展开。宫城、皇城、外郭城平行排列,以宫城象征北极星,以为天中;以皇城百官衙署象征环绕北辰的紫微垣;外郭城象征向北环拱的群星。唐人张子容(一说孟浩然)《长安春早》诗云:"开国维东井,城池起北辰。"说的就是这种布局效应。

在长安城内,东西南北交错的二十五条大街将全城分为两市一百零八坊。其中以朱雀大街为界将城区分为东西两部分:东属万年县,一市五十三坊;西属长安县,一市五十五坊。一百零八坊排列恰好寓意一百零八位神灵的一百零八颗星曜;南北排列十三坊,象征着一年有闰;皇城以南东西各四坊,象征着一年四季;皇城以南,南北九坊,象征着《周礼》书中所谓的"五城九逵"。城内百业兴旺,人口最多时超过 100 万。规划整齐,布局严整,堪称中国古代都城的典范。

长安城内主要宫殿有太极宫、大明宫和兴庆宫,俗称"三大内"。太极宫是隋唐时期皇帝的寝所和视朝听政之地,东西长 1968 米,南北宽 1492 米,称"西内",或"大内"。据文献记载,在太极宫南面辟有五门,正门为承天门,东为长乐门,再东为永春门,承天门西为广运门,再西为永安门,太极宫地面辟有两门,正北即玄武门,东侧为安礼门。

图 7　唐长安城平面图

　　唐朝帝陵,除唐末昭宗李晔和陵、哀帝李柷温陵分别位于河南偃师缑氏镇之景山及山东菏泽朱集乡朱水河畔外,其余十八座皆分布在陕西渭河以北的第二道黄土台塬及北山山脉各主峰南麓,自东而西横跨蒲城、富平、三原、泾阳、礼泉及乾县六县,绵延一百五十公里,人称"渭北唐十八陵",或"关中唐十八陵"。在地理位置上,唐十八陵恰好形成了一个以唐长安城为中心,而平铺于渭河之北呈 102°的扇面形。古人尚北,如《旧唐书》卷七十九《吕才列传》所云:"古之葬者,并在国都之北,域兆既有常所。"唐十八陵,南与秦岭遥遥相对,气势壮观。

图8　关中唐十八陵分布图　马永军　绘

唐朝奉行以方为贵。在唐十八陵中,有四座系封土为陵,陵丘为方形覆斗式。《唐会要》卷二十《陵议》载:"高坟厚垄,珍物必备。"有十四座系因山为陵,《唐会要》卷二十《陵议》载:"崇高光显,珍宝具物。"山峰南北多为巨石陡坡,东西多为沟壑深谷,多属圆锥形孤山,这种背依山原,面临平川,隔渭河与长安城相望的山陵布局,使帝陵的博大、威严、肃穆得到了充分的展现。

唐陵陵园仿照长安城格局设计,分内、外城,城墙四面各开一门,四角建有阙楼,四门外各列置石狮一对,南门外设神道,两旁列置石刻,北门外列置仗马及控马人各三对,部分帝陵列置石虎及蕃酋石像。下宫是用以供奉帝王皇后的灵魂起居和陵役人员住所,位于陵山西南方向,因受地理和山形等因素制约,下宫去陵远近不等:最近者乃文宗章陵,下宫去陵三里;最远者乃太宗昭陵,下宫去陵十八里;其次是宣宗贞陵,下宫去陵十里;其次是懿宗简陵,下宫去陵七里,高祖献陵、高宗乾陵、中宗定陵、睿宗桥陵、玄宗泰陵、肃宗建陵、代宗元陵、德宗崇陵、顺宗丰陵、穆宗光陵、敬宗庄陵及僖宗靖陵,下宫去陵皆为五里;武宗端陵,下宫去陵四里。

在关中道渭河之北,处于不同地理位置上的帝陵,因地貌不同,导致神道长度与宽度各异,而神道的长度和宽度直接影响着石刻与石刻之间的间隔距离。据文献记载,献陵神道长 575 米,宽 39.5 米;乾陵神道长 649 米;定陵神道长 623 米;桥陵神道长 625 米,宽 110 米;建陵神道长 861 米。

初建献陵时,由于陵寝制度上的不尽完善,只能参照汉陵故事。其后的十四座"因山为陵"规模宏大,建置宏博,墓室设在山前半腰处,高踞陵园北部,帝后同穴而葬。四周筑有围墙,围内城墙四面正中各辟一门,按左(东)青龙、右(西)白虎、前(南)朱雀、后(北)玄武四神方位命名。朱雀门为正门,门外设神道,并于神道两侧增筑乳阙一对,再往南为鹊台一对。外设城墙,外城墙有三道门,神道两侧所列置的石刻位于自南而北的第二道和第三道门之间。陵宫位于陵城正中,其南为献殿,其西南为下宫,在第一道门外的东南方向则分布着皇族宗室及文武大臣的陪葬墓。

昭陵位于陕西省礼泉县境内的九嵕山。经魏徵推荐,建陵工程由负责营建长安城的工部侍郎阎立德、阎立本兄弟仿唐长安城的建制设计。山之南麓陡峭,北麓舒缓。因受地形的制约,献殿设在朱雀门内,遗址约 40 米见方,重檐九间,主要用于上陵朝拜或举行重要祭祀典礼之用。东西面有庑房、阙楼以及门庭。殿东有翔鸾阁,殿西有栖凤阁。两阁有飞廊与大殿相通,殿前有一条呈波浪状的通道,谓之"龙尾道"。大殿东西长约 60 米,南北宽约 10 米。献殿遗址曾出土了一件古建筑脊饰实物——鸱尾。鸱尾体高 1.5 米,底长 1.0 米,宽 0.65 米,重约 150 公斤。祭坛设在玄武门,东西长 53.5 米,南北宽 86.5 米,面积高达 4500 多平方米。呈南高北低,平面略呈梯形。上面陈列着十四个少数民族酋长的石像。石像俱高八尺,座高三尺。东西庑殿陈列着闻名世界的昭陵六骏浮雕石刻。

图 9　唐太宗昭陵　党明放 摄

　　帝王陵园里的献殿除了供特定的具有政治意义的国事活动外,还陈列墓主的神位和其生前服御之物。《昭陵志》载:"高力士于太宗献殿见小梳厢一、柞木梳一、黑角篦子一、草根刷子一,叹曰:'此先帝首创义旗,新皇王报,遂身服用,惟留此物。将欲传示孝孙,永存节俭。'"

　　在乾陵神道东侧乳峰下,原有六十朝臣画像祠堂。北宋元祐七年(1092)六月,奉天县(今陕西乾县)县丞赵楷就陕西转运副使游师雄所绘《乾陵图说》云:

唐之诸帝,功烈如太宗明皇者,可谓成矣！宜其丘陇完固,及于无穷,今兵火之余,荒墟坏皿,瓦砾仅存,理亦宜也。独高宗武后之陵,崇丘磅礴,上诣青冥,双阙耸峙,丹青犹在,具岂造物者有以扶护而致然矣,抑亦穷匮国力,深规厚图、使人未易突击耶。转运游公,一日按部过乾陵,慨然兴叹,乃录高宗天后时六十人,重绘于陵所。其间忠良鲠骨、高才俊逸,如张说、苏颋、狄仁杰、娄师德、刘仁轨、唐休、宋景、李峤、贺知章、马周、李昭德、王琳、张仁厚、崔神庆、李务光、张柬之、魏元忠、陆元方、李怀远、毕诚景、杜景佺,皆一代善士,固因当纪者。若夫武三思、韦巨源、崔湜、武承嗣、苏味道、封德彝之辈,回邪险妄、负国之谋而皆绘于壁,镌记于石,丹青可渝,而善恶之迹不可泯,珉石可磨,而劝诫之意不可泯,则斯名也,与其天地同于不朽哉！

从记载情况看,六十朝臣仅记有二十七人,其中大半为高宗李治与武则天时代的朝臣,个别为太宗李世民时的朝臣。

六十朝臣画像祠堂为阁楼式,内以墙壁隔成小间,在每一小间的东壁和南壁上各绘一人,北壁上书写所绘朝臣事迹及赞语。武则天称帝后,为泄私愤,将反对过她的司徒、赵国公长孙无忌及尚书右仆射、河南郡公褚遂良的绘像清除掉。司空、太子太傅、上柱国、英国公、赠太尉、扬州大都督李勣之孙李敬业扬州起兵反武,武则天除掘李勣墓外,又将其绘像涂掉。睿宗复位后,却将武三思的绘像除掉,重新绘了长孙无忌、褚遂良及李勣画像,真是一朝天子一朝臣啊！

靖陵是唐僖宗李儇的陵寝,位于陕西乾县铁佛乡南陵村,是目前唯一被动抢救发掘的帝王陵墓。唐朝灭亡后,靖陵遭到多次盗掘。1994 年 12 月 30日晚,盗墓贼在陵墓封土堆南侧用炸药炸开了一道十六米深的盗洞,对墓葬造成严重的破坏。靖陵地宫由墓道、甬道及墓室三部分组成,全长 44.18 米。其中墓道长 35.6 米,宽 2.4—2.9 米不等,在其腰部留有一个二层台。在墓道的东、西两侧原绘有壁画,题材为青龙、仪卫等。甬道长 3.8 米,宽 2.4 米,顶部已经坍塌。在甬道两壁绘有执戟武士壁画,北部东西各楷两个壁龛,内绘兽首人身生肖图案。甬道以北为土洞墓室,穹隆顶,东西 5.8 米,南北 4.5 米,在东西两壁,各有对称的三个小龛,南壁东西两侧各一小龛,龛内绘制着宽袖长袍、双手执笏的兽首人身生肖图案。在墓室的北壁上,隐约可见侍臣图及顶部天象图的残留部分。而最令人吃惊的是,墓室内的石棺床竟然是用乾陵陪葬墓的尚书左仆射豆卢钦望和杨再思的墓碑做成的。堂堂帝陵如此作为,可见朝廷财政的窘迫之态。

图 10　唐僖宗靖陵　陈雪华 摄

　　北宋帝陵积土成冢。陵台为方形覆斗状三重式,神墙环绕,四角有阙台,上建楼观亭阁,南设神道,神道两边列置石刻。不设围墙,用橘枳之属做成篱笆,围绕陵园。每陵设"柏子户"若干,陵台四周广植松竹橘柏,纵横如织,谓之"柏城"。

　　北宋帝陵的规模远远不及唐陵。建置也与唐陵有别:整个陵园皆由茔域上宫及下宫组成,茔域四周广植棘枳,内除皇帝陵外,还有皇后陵,以及功臣和宗室的陪葬墓。上宫是陵台及四周墙垣以内部分。陵台居上宫中心位置,呈覆斗形。四面墙垣中心各开一门,四隅建角阙,南门为正门,门外置放石武士、石奔狮各一对,其南为神道,远处设土阙两重。

北宋帝陵分布在河南巩义市芝田镇八陵村南。陵区地形开阔,岗坡平缓,东与隔天坡河相望,南依嵩山余脉白云山,北接伊洛水,地势呈南高北低,东穷西垂,依次为太祖永昌陵、太宗永熙陵、真宗永定陵、仁宗永昭陵、英宗永厚陵、神宗永裕陵、哲宗永泰陵,加上太宗赵匡胤之父宣祖赵弘殷永安陵,称之为"七帝八陵"。这里祔葬着二十二位皇后,以及分布着上千座皇室子孙的陪葬墓。

北宋帝陵由上宫、下宫、后陵及陪葬墓组成。上宫是指陵墓前面的所有建筑物,从鹊台开始,经乳台、神道、神墙到陵台;下宫是守墓宫人进行日常祭祀的场所,位于玄武门外西北方向约 30 米处。宋人李攸《宋朝事实》卷十三《仪注三》记载:

> 英宗葬永厚陵。英宗梓宫至永厚陵,馆于席屋。从韩公下视,宫有正殿,置龙辒,后置御座;影殿置御容,东幄卧神帛,后置御衣数事。斋殿旁皆守陵宫人所居。其东有浣濯院,有南厨。厨南,陵使廨舍,殿西,副使廨舍。都知石全育为陵使。

意思是说,正殿之后有影殿,影殿供奉皇帝画像及衣冠。影殿之后有斋殿,斋殿内供奉佛像,斋殿旁房屋为守陵人所住。英宗永厚陵石椁高一丈,其凿长一丈二尺,深阔七尺,盖条石各长一丈,阔二尺,十四板。皇堂方三丈,深二丈三尺;麓巷长八十三尺,深阔一丈八尺。自平地至深六十三尺,隧道长四百七十尺,石人物六十事。

北宋帝陵的封土堆被称为"陵台",陵台分三层,平面呈方形覆斗状,陵台下部的墓室,称"玄宫",或称"皇堂"。宋真宗永定陵的"皇堂之制,深八十一尺,方百四十尺"。陵园四周筑有神墙,四面正中各辟一门,谓之"神门"。神墙四角建角阙。神门外设置乳台一对,列置石狮一对,在南神门外建有鹊台,两侧列置石刻,自外而里依次为石望柱、石像生。尽管都属帝陵,但各陵神道的距离,陵台、鹊台、乳台、神墙、神门的高度,以及陵园的方广不尽相同,主要原因是取决于太常礼院、司天监及陵园奉修所的参酌议定。《宋会要辑稿·礼》三十九之一载：

> 太祖乾德元年（963）十二月二十三日，诏改卜安陵……二年正月七日以宰臣范质为改卜安陵使……十一日有司请新陵皇堂。下深五十七尺，高三十九尺。陵台三层，正方，下层每面长九十尺。南神门至乳台、乳台至鹊台皆九十五步。乳台高二十五尺，鹊台增四尺。神墙高九尺五寸。周回四百六十步，各置神门角阙。

《宋会要辑稿·礼》三十九之二载：

> 真宗咸平六年（1003）二月，太常礼院议康、定二陵制度，请依改卜安陵例，诏比安陵减省制度。康陵比安陵减省外，皇堂深四十五尺，灵台高三十三尺，四面各长七十五尺。神墙高七尺五寸，四面各长六十五步。四神门，南神门外至乳台四十五步，乳台高一丈五尺。乳台至鹊台五十五步，鹊台高一丈九尺。简穆皇后陵比孝明皇后减省，亦同此制。其石作比安陵减三分之一。每陵四神门外，各设狮子二。南神门外宫人二，文武官各二，石羊、石虎各四，石马各二，并控马者望柱石二。

《宋会要辑稿·礼》三十七之六十九载：

> 高宗皇帝绍兴二十九年九月二十日，皇太后崩于慈宁宫之慈宁殿。二十一日，文武百官赴慈宁殿听宣皇太后遗诰，曰："园陵制度，务从俭省，毋事烦劳。"十月一日，礼部、太常寺言："大行皇太后攒宫已依典故差按行使、副，检照国朝典故，园陵并系祔葬，止差按行使，不曾差覆按。昨隆祐皇太后攒宫系创始营奉，及显肃皇后攒宫系与徽宗皇帝同时迁奉，曾差覆按使，事体不同。今来大行皇太后攒宫

合祔永裕陵，依典故自不合差覆按使。"从之。以得旨令有司检照典故，至是讨论来上。四日，太常寺讨论大行皇太后攒宫合用典礼下项：一、国朝典故，园陵皇堂、神台下深丈尺不同，及园陵上宫合置四神门，南门乳台、鹊台、石作宫人等。今来止系修奉攒宫，欲并依昨昭慈圣献皇后、显肃皇后攒宫礼例修奉施行。

《永定陵修奉采石记》记载了永定陵营建规模情况："皇堂石二万七千三百七十七段，门石一十四，侍从人物象马之状六十二，共计二万七千四百五十三段。"永定陵"皇堂之制，深八十一尺，方百四十尺"。永熙陵"皇堂深百尺，方广八十尺"。两座帝陵如此差别，因墓室砖结构与石结构不同缘故所造成。

在帝陵下宫的前方稍偏西的位置为皇后及嫔妃的陵墓区。四周围绕神墙，神墙四面正中各辟一门，门侧设阙台，门外列置石狮一对。神墙四隅建角阙。朱雀门外设神道，神道两侧列置石刻。

南宋系偏安王朝，在祖宗陵园沦陷之后，另择陵地于绍兴，以"潜埋"方式为暂厝之所，谓之"攒宫"，意为攒集梓宫之处，待将来收复失地后，再迁回祖茔重建陵墓。

在南宋九帝中，除恭帝、端宗等末三帝外，其余如高宗、孝宗、光宗、宁宗、理宗、度宗六帝皆权攒于浙江绍兴市皋埠镇宝山，潜埋于此，攒宫加陵号。

南宋永思陵的皇堂石藏子为长方形石室，外置石壁一重。后因江浙地区地库土湿，再置石壁一重，在两壁之间以胶土夯筑，与石藏一平。如此而已，绝无封域摧残之故。《读礼通考》卷九十二《山陵五》载：

> 皇堂在焉，初开穴，南北长三丈七尺六寸，东西阔三丈二尺，深九尺，四围用白石胶土五层，以石周砌为，石藏长一丈六尺二寸，阔一丈六寸，所用椁长一丈二尺三寸，高七尺一寸，阔五尺五寸。纳梓宫于中，覆以天盘曩网，乃用青石为压栏，次铺承重柏木枋二十余条，次铺白毡二重，次铺竹篾，然后用青石条掩攒讫。上用香土二寸，客土六寸，然后以方砖砌地，其实土不及尺耳。

南宋诸陵不起陵台,仅在其上建造殿堂三间,谓之"龟头",龟头下筑皇堂石藏子(即玄宫)。龟头外绕以砖砌之阶,施勾栏十七间。正面设以踏道。建筑亦分上、下宫,上宫外围竹篱,辟有四门,外篱之内有红灰墙一道,周长六十三丈五尺,内筑棂星门、殿门及献殿等,下宫建有前、后殿堂及神厨亭、库室、更衣厅及陵户驻守之所。其皇室子孙及大臣分散埋葬在杭州及绍兴两地。

南宋德祐二年(1276),元兵攻克临安,俘恭帝赵㬎等北去,后赵㬎出家甘州(今甘肃甘州区)白塔寺,后被害,葬地不详。临安失守后,群臣奉益王赵昰即位,是为端宗。端宗驾崩,葬海滨乱山之中,号永福陵。祥兴二年(1279),元兵穷追不舍,至崖山,丞相陆秀夫负帝赵昺投海,后尸体漂浮,身穿龙袍,当地百姓见状,打捞并埋葬于崖山(今广东江门市新会区)慈元庙附近。

第四节　明清时期

明朝的帝陵除追封的祖陵外分为三处。在十六位皇帝中,除太祖朱元璋葬在南京钟山南麓,惠帝朱允炆因"靖难之役"下落不明,景帝朱祁钰葬在京郊金山外,其余十三位皇帝均葬在京郊昌平天寿山,称"十三陵"。十三陵占地四十平方公里,陵区周围群山环绕,陵皆背山而筑,因山设置围墙。十三陵的营建历时二百多年。

明孝陵是明朝开国皇帝朱元璋与皇后马氏的合葬陵,坐落在南京钟山南麓独龙阜玩珠峰下。独龙阜北依钟山主峰,阜高 150 米。孝陵占地面积达170 万平方米,布局宏伟,规制严谨,周边泉幽林深,环境优美,是中国规模最大的帝王陵寝之一,2003 年被列入联合国世界文化遗产名录。

明孝陵始建于洪武十四年(1381),至永乐十一年(1413)建成,历时 30 年之久,先后征用役工 10 万。孝陵的建制,直接影响着明、清两朝五百余年二十多座帝陵的建筑格局,在中国帝王陵寝发展史上有着特殊的地位。

明孝陵总体布局是,由卫岗的下马坊至文武方门全长 2400 米。周以红墙围绕,周长 22.5 公里。沿神道自南而北依次有:下马坊、神烈山碑、大金门、神功圣德碑碑亭、御桥、石像生、棂星门,由此折向东北,便进入陵园。在这条正对独龙阜的南北轴线上,依次有金水桥、文武方门、孝陵门、享殿、内红门、大石桥、方城、明楼及宝顶等,并筑有围墙。孝陵与历朝帝陵不同之处是,为了确保陵宫的安全,在陵区内设有外御河、内御河和宝城御河三条排水系统。

下马坊是一座二间柱的石牌坊,面阔 4.94 米,高 7.85 米,额刻"诸司官员下马"楷体六字,告示凡进入孝陵祭祀的官员,须自此下马步行,以示对开国皇帝朱元璋的尊崇。神烈山碑位于下马坊东边 36 米,嘉靖十年(1531),改钟山为神烈山时所立,面阴钩浅刻"神烈山"三字,原有碑亭,现仅存四角石柱础。再向东 17 米处有一块禁约碑,崇祯十四年(1641)立,碑刻禁止损坏孝陵及谒陵的有关九条禁约。大金门位于下马坊西北 750 米处,是孝陵的第一道正南大门。原为黄色琉璃瓦重檐式建筑,现仅存砖石墙壁,下部为石造须弥座,面阔 26.66 米,进深 8.09 米,墙壁上辟有三个券门洞,中门高 5.05 米,左右两门高 4.25 米。神功圣德碑及碑亭位于大金门之北 70 米处,建于永乐十一年(1413),内置明成祖朱棣为其父朱元璋所立"神功圣德碑"。碑亭为砖石砌筑,现仅存四壁,每壁各辟宽 5 米的拱形门洞一孔,外观酷似城堡,俗称"四方城"。御桥位于神功圣德碑及碑亭西北约 100 米处。神道依地形山势建造,全长 615 米,在每一段落的节点处列置石像生来控制空间,形成一派肃穆气氛。石像生下铺垫完整的六朝砖。两侧列置石狮、石獬豸、石骆驼、石象、石麒麟、石马。每种两对,一跪一立,夹道迎侍。神道由此折向正北至棂星门,全长 250 米。两侧列置石望柱及石人。石人分文臣和武将。棂星门位于神道北 18 米处,现已重新修复。从遗迹看,棂星门当为三开间建筑。金水桥过棂星门折向东北的 275 米处,亦称御河桥。桥为石砌,原为五孔,现存三孔。文武方门为孝陵正门,原为五门洞,三大二小,中间三个为拱形门洞,两边二个为长方形门洞。庑殿顶覆黄色琉璃瓦。同治年间将其改建为一个门洞,上嵌清石门额,阴刻楷书"明孝陵"三字。1999 年重新修复,恢复为五门、黄瓦、朱门、红墙,正门上方悬长方形门额,鎏金"文武方门"四字。宣统元年(1909),在正门东侧立有"特别告示"碑,以六国文字书写。碑亭后原有两御亭,东侧称具服殿,西侧称宰牲亭。孝陵门乃孝陵享殿前的中门,亦称碑殿。原为五门洞,后毁。清时改建为一歇山顶,三开间,红墙小瓦建筑,南北正中各开一门,亭内立碑刻五通。享殿位于碑殿之后。原殿毁于战火,现尚存三层汉白玉须弥座台基,通高 3.03 米,有大型柱础六十四个。台基四角石雕螭首,享殿基长 57.30米,宽 26.6 米。现存地表建筑为同治十二年(1873)重建。

图 11　明孝陵神道石骆驼　党明放 摄

　　相传,朱元璋崇仰天象,为了使自己的陵寝达到"天人合一"、"魂归北斗"的完美效果,故将自己的寿域设计成"北斗星"图形,"勺头"为绕梅花山环行的导引神道部分,"勺柄"为正北方向直线排列的陵寝建筑部分,在"勺头"、"勺柄"上的"七星"依次为:四方城、石望柱、棂星门、金水桥、文武坊门、享殿、宝城。从平面结构图上看,孝陵的"七星"排列走向与南北朝、唐及辽所绘"北斗七星图"毫无二致。

　　明孝陵神道系明成祖朱棣所建造,而"北斗七星"说纯属巧合。事实上,神道之所以弯曲,是与三国吴大帝孙权墓有关。当初修陵时,有臣下建议将孙权墓迁走,但朱元璋不同意。神道这么一绕,孙权墓反而成了朱元璋墓的天然屏障和门户。曲径通幽,曲折藏深,无形中产生了一种神秘之感。

　　明孝陵是中国传统建筑艺术与自然地理环境相融合的优秀典范。

　　朱棣,朱元璋第四子。洪武三年(1370),封燕王,镇守北平。建文四年(1402),发动"靖难之役",率军攻占南京,夺侄儿建文帝朱允炆帝位,改元永

图12　明孝陵神道石象　党明放 摄

乐,史谓成祖。朱棣从称帝的那一刻起,就有了迁都的打算。永乐四年(1406),开始修建北平。翌年,皇后徐氏病故。永乐六年(1408),成祖派遣礼部尚书赵羾率钦天监阴阳训术曾从政、术士刘玉渊及廖均卿等人远赴北平城郊昌平县境内卜选陵地。据说,最先选址在口外的屠家营。屠,是宰杀的意思。因皇帝姓朱,"猪"、"朱"同音,此处犯讳,不可用。后又选在了昌平西南的羊山脚下,可在不远处却有个村庄名叫狼儿哈,"猪"旁有狼,则随时会有被吃的危险,也不可用。后又选中了一个名叫雁家台(今北京市门头沟区)的地方,又"雁家台"谐音是"晏驾台",故又弃而不用。后几经周折,终于相得黄土山为吉壤。

黄土山属燕山余脉军都山的一支。朱棣亲临阅视,称甚合朕意,遂封黄土山为"天寿山"。清人梁份《帝陵图说》卷二《天寿山》云:天寿山乃"北干王气所聚"之地,主峰雄峙陵北,千峰崔巍,层峦叠嶂,东蟒山、西虎峪环抱左右,南面有龙山、虎山遥相呼应,环山之内川原开阔。永乐七年(1409),开始为成祖朱棣营造长陵,永乐二十二年(1424),朱棣驾崩于漠北,成了第一个入葬十三陵的帝王。自成祖朱棣开始,明代十四位皇帝中,就有十三位葬在这里。

图 13　明十三陵分布图

　　十三陵有一个完全不同于以往帝陵的情况,那就是长陵的神道、牌坊以及石刻组合均为各陵"公用"之物,由南北长达七公里的神道和陵寝两部分组成。在陵区的正门外,有一座建于嘉庆十九年(1540)的石牌坊,高大雄伟,其结构为六柱五间十一楼,面阔 29 米,在六根方柱底部浮雕云龙,顶端饰雕卧兽。陵区内,各陵形成各自独立的陵寝,每陵都建造在各自的小山下面。随着山川的走势,设有绕陵墙垣一道,周长约为 40 公里。

大宫门之北便是碑亭,碑亭位于神道中央,是一座歇山重檐、四出翘角的高大方形亭楼,亭内竖有石碑一块,碑座龟趺,高 6 米多,上题"大明长陵神功圣德碑"。碑阳由明仁宗朱高炽撰制,三千多字,明初著名书法家程南云丹书。碑阴为乾隆御制《哀明陵三十韵》。

图 14　明长陵神功圣德碑亭　党明放 摄

碑亭之北为神道,在 800 米长的神道两旁列置着大型石刻,在十三陵神道的尽头,便是长陵的祾恩门(即天门之意),朱门金钉,面阔五间,进深两间。在祾恩门后,便是祾恩殿,是供奉皇帝和皇后神位,以及陵上祭祀活动的场所,其形制类似故宫的太和殿,面阔九间,进深五间,红墙黄瓦重檐,六十根金丝楠木明柱承托殿顶,显得庄重森严。祾恩殿后即为内红门,门上彩绘,色调深沉肃穆。门内即院,院内建筑棂星门、石案及明楼,明楼后即为圆形宝城。宝城内置宇墙,外侧雉堞林立,中为马道,类似城堡。

从长陵建筑疏密情况看,出现四个节奏变化:一、从石牌坊到大红门,总长 1253 米,仅有三孔石桥一座,此段呈现为"疏";二、从大红门到龙凤门,总长 1658 米,分布有神功圣德碑亭、华表、望柱及十八对石像生,此段呈现为"密";三、从龙凤门到陵宫门,总长 4393 米,仅有七孔石桥一座,此段呈现为"疏";四、从陵宫门到陵宫,楼殿参差、廊庑辐辏,此段呈现为"密"。整体呈现为"疏—密—疏—密"的变化节奏。

再从长陵建筑高低分布看,位于神道前端的神功圣德碑亭最高,其次为大红门、石牌坊、石像生、龙凤门。在陵宫的建筑中,祾恩殿最高,其次为祾恩门、陵门、殿后陵门、棂星门、石几筵。最后为明楼,突兀崛起,为陵寝建筑最高点。长陵整体建筑呈现"高—低—高—低—高"的变化节奏,疏密有致、高低错落,烘托出了陵寝的庄严肃穆,给人一种强烈的艺术感染力。

明定陵是神宗朱翊钧与孝端皇后王氏、孝靖皇后王氏的合葬陵寝,坐落在大峪山下。

定陵于万历十二年(1584)破土动工,历时 6 年完成,耗银逾八百万两。定陵地面建筑 18 万平方米,前有宽阔院落三进,后有高大宝城一座。陵正门前方是三座汉白玉石桥。过了桥是高大的碑亭。亭周围有祠祭署、宰牲亭、定陵监等建筑物 300 余间。再往后就是陵园最外面的围墙——外罗城。

陵宫的总体布局亦呈前方后圆之形。地上部分的主体建筑坐落在大峪山与蟒山主峰之间的中轴线上。陵前有长方形青石板铺就的神道,全长 3000 米,宽阔的路面上可并行三辆马车。从七孔桥北 100 米处向西北延伸,经三孔桥和金水桥,便可直抵陵园门口处的无字碑。无字碑体积巨大,

图 15　明定陵玄宫平面图　采自《定陵》

螭首龟趺,因其迥异于常见石碑,通身光洁不留一字而得名,也成为后人心中的谜。

在外罗城内,稍偏后部位为宝城。其平面近似圆形,直径约230米。宝城墙的垛口均采用打磨平整的大块花斑石垒砌。内环砖砌宇墙,宇墙与垛口之间为铺砖马道。在墙的前部设有城台(又称"方城"),城台下承石刻须弥座,上建重檐歇山顶式的明楼,楼内采用砖券顶,无木构梁架,且上下两层檐的檐椽、飞子、望板、斗拱、额枋、平板枋及上下檐之间的榜额(刻"定陵"两字)也全部用巨石雕刻拼砌而成,其上油饰油漆彩画,酷似木构建筑,然实无片木寸版。楼壁前、后、左、右四面各辟券门,楼内竖圣号碑一通,高6.2米,碑首为方形,前后刻双龙戏珠图,正面有篆额"大明"二字。碑身正面刻"神宗显皇帝之陵"七个径尺楷书大字。碑趺采用上小下大五级方台式,其上面四级自上而下,分别雕刻双龙戏珠、宝山、海浪等图案。城台下部虽无券门之设,但左右各有冰盘檐式石刻门楼,由门楼进入,有礓磋道由城前上达宝城、明楼。宝城之内封土满填,中部有三合土夯筑而成的上小下大圆柱形的"宝顶"。据《明熹宗实录》记载:天启元年(1621)闰三月,定陵隧道回填完毕,工部曾奏请议定宝顶规制,神宗之孙熹宗下旨:"定陵宝顶规制乃皇祖亲定……着照永陵丈尺培筑。"但实际上定陵宝顶比永陵还大。宝城的排水采用墙外设石刻排水螭首和墙内设排水方井的方式。

在外罗城内设有三进方形院落:第一进院落,前设单檐歇山顶式陵门一座,制如外罗城门,为陵寝第二道门,又称重门。其左右各设有随墙式掖门一道。院落之内无建筑设施,院落之前(外罗城之内)左侧建有神厨三间,右侧建有神库三间。第二进院落,前墙之间设祾恩门。其制面阔五间,通阔26.47米,进深两间,通深11.46米,下承一层须弥座式台基。台基之上龙凤望柱头式的石栏杆及大小螭首设置齐备。前后还各设有三出踏跺式台阶。第三进院落,在前墙间建有祾恩殿。其形制为重檐顶,面阔七间,通阔50.6米,进深五间,通深28.1米,下承须弥座式台基一层,围栏雕饰同祾恩门。台基前部出有月台。月台前设三出踏跺式台阶,左右各设一出。殿有后门,中出踏跺设有御路石雕,上刻龙凤戏珠及海水江牙图。祾恩殿左右各设随墙式掖门一座。院内沿中轴线设有两柱牌楼门（棂星门）一座、石几筵一套。牌楼门的两柱作出头式,白石雕成,截面为方形,顶部雕坐龙,前后戗以石抱鼓。石几筵,由石供案和石供器组成。石供案作须弥座式,石供器由一座香炉、两座烛台、两座花瓶组成。

明自英宗朱祁镇起,便出现了一帝两后,甚至一帝三后合葬的现象。

在明十三陵中,明楼的高低和面宽,各自有别,圣碑大小也各有差异:如长陵楼高 20.06 米,楼壁面宽 18.06 米,圣号碑高 5.79 米;献陵楼高 17.35 米,楼壁面宽 16.21 米,圣号碑高 5.99 米等。宝城的高低、马道的宽窄、城垛的高低、宇墙的高低也多有殊异:如长陵宝城高 7.15 米,马道宽 2 米,城垛高 1.5 米,宇墙高 0.95 米;献陵宝城高 5.46 米,马道宽 1.65 米,城垛高 1.25 米,宇墙高 0.7 米;景陵宝城高 6.45 米,马道宽 2.51 米,城垛高 1.5 米,宇墙高 0.75 米等等。

天寿山诸陵的分布,充分体现了宗法礼制,根据主从关系,尊者居主脉,卑者居从脉布列。在长陵左侧,分布着景、永、德三陵,右侧则为献、庆、裕、茂、泰、康六陵。在长陵右前方,则有昭、定二陵。

明朝的皇帝与皇后同穴而葬,而嫔妃大多埋葬在东、西井中,有的则另起陵寝。在明十三陵中,前十二座帝陵都建有各自的神功圣德碑亭。除长陵外,其余十一座帝陵的神功圣德碑上都没刻文字,类似于唐乾陵的无字碑。

在十三陵陵区设有专门的驻陵管理机构。内官有天寿山守备太监,统辖各陵神宫监官,各陵神宫监下设掌印太监,另有金书、司香等员若干。

陵区以植松柏为主。在神道及陵宫,除松柏外,尚有橡树。在行宫和衙署,则植以国槐。

清朝是满洲人建立起来的中国历史上最后一个封建王朝,历 11 帝 268 年。

在古人的观念中,虚幻的天人世界被想象为具有九重宫门的处所。东汉徐岳《数术记遗》云:"九宫算,五行参数,犹如循环。"北周甄鸾注云:"九宫者,即二四为肩,六八为足,左三右七,戴九履一,五居中央。"从方位上看,三居东方,七居西方,九居南方,一居北方,五居中央。二、四、六、八则分别居于西南、东南、西北及东北四隅。

《淮南子》卷十五《兵略训》载:"夫圆者,天也;方者,地也。天圆而无端,故不可得而观;地方而无垠,故莫能窥其门。"故帝陵金券地面为方形,四周砌平水墙,符合"方者地也"的理念;顶以青白石砌成拱券,象征"圆者天也"的理念。在天覆地载中营造出来的帝陵内景,更加突显了帝王所谓的"父天母地"的崇高地位。

按照"事死如事生"的礼制原则,清陵地宫的布局基本上依帝王生前所在紫禁城皇宫的布局建造。建造规制为九券四门式。所谓"九券",指自前而后的隧道券、闪当券、罩门券、头道门洞券、明堂券、二道门洞券、穿堂券及金券。在九券中,金券一道至关重要,据现有考古发掘资料,裕陵、昌陵、定陵、惠陵及崇陵均属于此。慕陵由于刻意求俭,地宫为五券二门。五券即:隧道券、罩门券、门洞券、梓券及金券。类同皇后陵寝地宫的构造。

裕陵地宫九券四门的券顶、墙壁及门对等处,刻有藏文经29464字,梵文经647字,共计30111字。据档案记载,仅由喇嘛写经文及用工雕刻,前后费时三年多,耗银一万多两。除此而外,还有佛像四十余座,在每座佛像身后,都饰有形似龛座的光背。在头道门洞券的东西两壁,有东方持国天王、西方广目天王、南方增长天王及北方多闻天王雕像。在穿堂券的两壁,各有五只精刻的花瓶,瓶内均插莲花一朵,花朵托着明镜、琵琶、波罗、香料及衣物,称"五欲供"。在八扇石门上均雕有高约1.5米菩萨。

清祖陵坐落在满洲赫图阿拉(今辽宁新宾满族自治县永陵镇)启运山南麓,是清太祖努尔哈赤远祖肇祖元皇帝孟特穆、曾祖兴祖直皇帝福满、祖父景祖翼皇帝觉昌安、父亲显祖宣皇帝塔克世等六位祖先的永陵,与努尔哈赤福陵(辽宁沈阳市东)、皇太极昭陵(辽宁沈阳市北),合称"大清关外三陵"。

清永陵坐北朝南,神道贯穿,居中当阳,中轴不偏。启运山南麓背风朝阳,在聚风藏气的龙脉正穴之前营造宝鼎正殿。其九大特点是:栅栏门,四祖碑亭,石雕坐龙,彩陶龙壁,砖砌燎炉,单墙方城,单檐城门,"日""月"龙吻(将"明"字分开置于大脊两端,则有破明〈朝〉之意),君臣共陵。十大缺陷是:一缺石像生,二缺石柱,三缺石牌坊,四缺神道碑,五缺方城角楼,六缺陵寝门,七缺石五供,八缺大明楼,九缺哑巴院,十缺大地宫。

作为"盛京三陵"之一的清太祖努尔哈赤福陵,前临浑河,背依天柱山,地势北高南低,殿宇凌云,巍峨壮观。四周土红色围墙,中为正红门。甬道两旁列置石柱、石人、石虎、石马及石骆驼等。皇太极的昭陵坐落在辽宁沈阳市隆业山,规模最大,系人工堆造而成。

清朝承继古制,凡皇后先于皇帝而薨,尚未葬埋者,可与皇帝合葬一陵。如果皇后晚于皇帝而薨,不得合葬,则需在帝陵附近另建皇后陵墓。

清陵建筑布局为:石牌坊、大红门、神功圣德碑亭、石像生、龙凤门及东西配殿、明楼、宝顶等。大红门以庑殿顶形势建造,神功圣德碑亭一如明陵,为重檐歇山式建筑。宝顶仿照明孝陵及长陵等,为圆形。凡立有神功圣德碑的,其上皆有文字。道光的情况比较特殊,《钦定大清会典事例》卷九百四十三载,因道光败于鸦片战争,深感丧权辱国,无颜面对列祖列宗,遗诏自称:"在朕则何敢上批件拟鸿规,妄称显号?而亦实无可称述之处,徒增后人之讥评,朕不取也。"明确表示在自己的陵寝中取消这一建筑。从此,定、惠、崇诸陵皆不建此碑。

孝陵及泰陵分别为清东陵和清西陵的首座帝陵。关于孝陵,清人昭梿《啸亭杂录》卷一载:

> 章皇帝尝校猎遵化,至今孝陵处,停辔四顾曰:"此山王气葱郁非常,可以为朕寿宫。"因自取佩韘掷之,谕侍臣曰:"韘落处定为佳穴,即可因此起工。"后有善青乌者,视丘惊曰:"虽命我辈足遍海内求之,不克得此吉壤也!"此所以奠我国家万年之业也。

清亡后,赵尔巽《清史稿》也沿用上述说法。清孝陵陵址确为顺治生前亲自选定。乾隆曾作《恭谒孝陵诗》:"松柏守宫阙,星辰侍礼仪;鼎湖亲卜吉,昌瑞万年基。"诗下有乾隆自注:"昌瑞山乃我世祖行围至此亲定者,初未用堪舆家也。"也对孝陵选址做了印证。

还有一例比较特殊。嘉庆曾亲口说,他本人的万年吉地是由太上皇乾隆选定的,《清仁宗实录》卷一七载:"易州太平峪系皇考赐朕之地。"

清孝陵正南朝对一山,名金星山,清代《遵化州志》卷一云:此山"特起一峰,丰而不肥,形如覆钟,端峙正南,有执笏朝天之势,形家目如金星,夜间有仙灯行列数对冉冉而下,由红门御路来朝,朔望祀日更多,防守官兵夜尝见焉"。

清陵陵院分前后两部分,前为方形院落,后为圆形院落,顶部为龟头状。隆恩门面阔五间,进深两间。东西配殿,前有走廊,面阔均为五间,进深均为三间。陵寝门,又称三座门,或琉璃花门。二柱门位于陵寝门之北,为楼牌式建筑。五供祭台,有三块青白石合称的须弥座。在五供之后,有月牙河一条,其上有平桥一座。方城为台式建筑,有基座,为长方形,东西南三面为雉堞,北面为宇墙。哑巴院,位于宝顶与方城之间,院落呈北直南弧之月牙状,或称月牙城。在东西地面上各有一个六星沟漏。宝顶,即坟墓,宝顶之下为地宫。自宣宗慕陵开始,一改前代帝陵规制,首先取消了歌功颂德的圣德神功碑亭,改隆恩殿重檐歇山式为单檐歇山式,撤隆恩殿月台四周的望柱和栏板,并在月台东侧置四棱石幢一尊,西侧置日晷一座。王其亨《清代帝陵制度沿革》记载:

> (慕陵)方城一座,见方四丈八尺,城身高一丈四尺四寸五分。月台面宽五丈二尺,进深五尺、明高五尺。隧道口长八丈一尺七寸五分,面宽一丈八尺。马尾礓磋面宽四丈八尺,进深一丈四尺。重檐明楼面宽一丈九尺七寸,周围廊深五尺,下檐柱高一丈四尺二寸;台明高九寸,台明至(方城)垛口五尺一寸。宝城进深十三丈八尺,面宽十一丈六尺,城身高一丈一尺四寸五分。

清朝帝陵的营建例由工部屯田司负责。工部设营缮、虞衡、都水、屯田四清吏司,其中"屯田掌修陵寝大工,办王、公、百官坟茔制度。大祭祀供薪炭,百司岁给亦如之"。

清陵的营建,多以宗室王公领衔监修。据文献记载,孝陵工程由赐进士出身、工部营缮司主事段昌祚监督,雷世显负责招募匠人及工役。景陵前期工程由康熙第八子允禩监修,后期工程则改由康熙第十七子允礼及工部尚书兼户部尚书孙渣齐协同监修。泰陵工程由雍正十七弟果秦王允礼、恒亲王云祺领衔监修,以内大臣常明、尚书海望、查克丹、礼部侍郎留保、德尔敏承修,续派侍讲学士塞尔敦、朝阳等先后总理工程事务。定陵前期工程由怡亲王载垣、郑亲王端华领衔监修,大学士彭蕴章、协办大学士伯葰、尚书瑞麟、全庆、侍郎基溥等承修。

咸丰八年(1858),因戊午科场案发,伯葰被杀。咸丰十一年(1861),在"辛酉政变"中,载垣、端华被令自尽。后期工程则由定郡王载铨领衔监修。以大学士周祖培、吏部尚书全庆为承修大臣。惠陵工程由醇亲王奕譞领衔监修,魁龄、荣禄、翁同龢为承修大臣。崇陵工程由贝勒载洵领衔监修,庆亲王奕劻总司稽查。普祥峪万年吉地由道光第五子惇亲王奕誴领衔监修。普陀峪万年吉地由醇亲王奕譞监修。裕陵工程无宗室王公监修,以吏部尚书果毅公讷亲、兵部尚书哈达哈、户部尚书海望、户部左侍郎三和、右侍郎阿里衮、都察院左副都御史德尔敏六人为承修大臣。昌陵由户部尚书范宜恒、吏部尚书德明、礼部左侍郎铁保、工部左侍郎成德、赵佑、总管内务府大臣蕴布,以及汪承需、额勒布、福敏泰监造。宝华峪万年吉地由大学士戴均元、尚书英和、侍郎阿克当阿总理事务。

在清陵浩大的工程建筑中,用量最大的是楠木。楠木主要生长在南方"深林穷壑,人迹罕到"之处,采集异常艰辛。木材水运比较便捷,但"深涧急滩,溪流迂折",颇费周折,往往需历数月,方至其地。方国华《裕陵楠木采办考略》载,木材须"径二尺五寸,长三丈五尺者,每日用抬扛夫八十八工"。木板须"长三尺五寸,宽一尺,厚七寸者,每日用抬扛夫十五工"。兴建泰陵时,采办楠木5430余件。兴建裕陵时,采办楠木5883件。同时,还需采集大量的杉木、柏木及铁梨木等。除此之外,就是石料,包括汉白玉石、紫花石、青白石、青砂石及豆渣石。汉白玉石采自房山县大石窝,紫花石,又名豆瓣石,产地河南,青白石采自蓟县盘山,豆渣石主要采自昌平州、蓟县盘山及遵化州鲇鱼关。

关于石料的采运,《大清会典事例》卷八百七十七记载,雍正元年(1723),议准规格及价格:大石窝青白石,折阔厚一尺,长一丈至四丈五尺,每丈银二两七钱;五丈至五丈九尺,每丈银四两五钱;十丈至十九丈五尺,每丈银七两;二十丈至三十九丈九尺,每丈银九两;四十丈至五十丈一尺以上,每丈银十四两;折阔厚一尺,长一丈西山汉白玉石,每丈银五两七钱;马鞍山青砂石、盘山青白石、鲇鱼关豆渣石,每丈银二两七钱。运送石料一律按日付费,每马每日付银二两一钱。

清陵所用砖料主要是城砖和金砖,称澄浆砖。城砖采自山东临清,而金砖采自江苏苏州。顺治四年(1647)题准:临清城砖,每块给银二分七厘。按例则由过往临清闸口的船只捎带,每船捎带四十五块。凡官、民船只至天津、通州的,每梁头(按:清政府对运输船只征税的名目)一尺,带砖二十块,称之为"长载"。不到天津的船只,免带城砖,但每梁头一尺,须缴运价银一钱七分。苏州的金砖,须按一正一副烧造。顺治十四年(1657),一尺金砖,每块工料银五钱八分八毫,一尺七寸金砖,四钱八分二厘七毫;一尺七寸副金砖,二钱七分七厘;苏州府二尺副金砖,每块工料银三钱三分三厘八毫八丝。江宁等六府二尺副金砖工料银四钱三分七厘三毫二丝。康熙十八年(1679)重新议定,金砖按正十副三烧造。其次是琉璃砖瓦,烧制地址在京城琉璃厂。光绪五年(1879),改归西山窑烧制。琉璃件主要有鸥吻、垂脊、筒瓦、版瓦等。关于琉璃件料的运送,按四十件一车,每车每十里给银六分。

在清陵中,道光的慕陵规制最为简约,既无方城、明楼、地宫,又无圣德神功碑、石柱、石像生等,但整个工程质量坚固。隆恩殿用金丝楠木,不施彩绘,以蜡涂搪,精美异常。在整个天花板上,浮雕龙头俯视,众龙吞云吐雾,栩栩如生,走进殿内仿佛置身于"万龙聚会、龙口喷香"的艺术境界。围墙不挂灰、不涂红,磨砖对缝,干摆灌浆。墙顶亦以黄琉璃瓦覆盖,灰黄相映。陵墙随山势起伏,把殿亭、宝顶环抱在内,显得清明、肃穆。尤其龙凤门前二棵枝叶繁茂、造型独特的迎客松,为慕陵增添了诗一般的韵味。一棵主干微斜,枝叶向上呈圆形,边缘翻卷,形似彩盘,犹如侍女顶盘祭奠;另一棵弯腰颔首,彬彬有礼,象在恭谦地迎接来客。

雍正泰陵坐落在河北易县泰宁山太平峪。陵址选定后,于雍正七年(1730)十二月初二降旨:"一应所需工料等项,俱著动用内库银两办理。规模制度,务从俭朴。其石像等件所需石工浩繁,颇劳人力,不必建设,著该部遵行。"陈宝蓉《清西陵纵横》书中披露,实际情形是:在152里的周界上打立红桩时,强令将19处村庄夷为平地。拆毁瓦房73间,石板房14间,草房1336间,草棚461间,占用山场200处,砍伐民众树木6154颗,强行圈用民地超过63顷。圈用寺庙香火粮地3顷32亩多,等等。据乾隆二年(1737)统计,营建泰陵时,共采办楠木和杉木9914根,当泰陵竣工后,尚余楠木410根,遂被运至东陵,以备建造它陵之用。

坐落在泰陵之西太平峪的昌陵乃嘉庆陵寝。嘉庆六年(1801),昌陵监工大臣盛住等人提请将昌陵方城改为青白石券洞。嘉庆指责此举不过是"欲为浮销地步,靡费钱粮"。令将盛住交部议处,将随声附和的汪承需、额勒布等人交部察议。《清仁宗实录》卷一二二载,嘉庆八年(1803)十月二十一日,也就是在将孝淑皇后奉安昌陵地宫之后的第四天,嘉庆"以万年吉地工程坚固宏整,赏监工大臣盛住双眼花翎,侍郎范建丰花翎,余赏赉加衔议叙有差"。可惜好景不长,嘉庆十三年(1808),嘉庆派遣皇二子绵宁前往太平峪逐层详察昌陵,发现质量问题。嘉庆获知后,又派遣长麟等人勘查,结果如上所奏。嘉庆命其重修。《清仁宗实录》卷一九九载:"所有承修地宫内外,及穿堂以内各工者,著列为一等罪。承修方城、二柱门、琉璃花门、配殿、宫门、朝房、神厨库各工者,著列为二等罪。承修明楼、大殿、碑亭不如式者,著列为三等罪。"道光元年(1821)六月,道光皇帝命建昌陵圣德神功碑,至道光十一年(1831),昌陵圣德神功碑建成。

乾隆年间,驻扎在清东陵的总兵布兰泰,及清末镇守西陵的泰宁镇总兵陈增荣,二人心血来潮,分别为东西陵各八处景观命名。清东陵八景为:汤泉浴日、龙门跃鲤、双泉映带、七井连辉、拊石喧磬、鲇鱼来游、黄崖晚照、将军古石。清西陵八景为:荆关紫气、拒马奔涛、易水寒流、云蒙叠翠、峨眉晚钟、奇峰夕照、福山捧日、华盖烟岚。后经大肆渲染,并得以相传。

宣统即位后,便在清西陵陵区开始了声势浩大的陵寝营建工程。1911 年辛亥革命爆发,宣统被迫逊位,陵建工程随之废止。1967 年 10 月,溥仪因肾癌病逝,葬八宝山。1994 年,其骨灰迁清西陵内之光绪崇陵附近的华龙皇家陵园。

第四章　帝陵形制

　　新石器时代的中晚期,逐渐出现了石棺、石椁、木棺、木椁等葬具。所谓"椁",是指套在棺材外面的葬具。段玉裁注《说文》云:"周于棺,如城之有郭也。"棺外之椁有从一重到多重之分。

　　战国中晚期之前,所有墓葬都采用土坑竖穴。殷墟安阳的商王墓室被挖成巨大的"囗"型、"亞"字型(四条墓道),或"中"字型(两条墓道)。而王室成员的墓室则有"中"字型(两条墓道),或"甲"字型(一条墓道)。战国中晚期之后,王陵除与商代王陵相似外,又在两边开设引棺入墓的墓道。

第一节　黄肠题凑

　　黄肠题凑葬制,最早出现在春秋时期。郑玄注《礼记·丧大记》云:"天子之殡,居棺以龙辒,攒木题凑象椁。"在当时,题凑为天子葬制,诸侯不得享用。西

图 16　黄肠题凑墓葬　吴加林 摄

汉时期,则被视为一种最高级别的特殊葬制。《汉旧议》载,遇国丧时,"梓宫柏黄肠题凑椁"。《吕氏春秋·节丧》云:"题凑之室,棺椁数袭,积石积炭,以环其外。"《群书政要》引东汉崔寔《政论》云:"送终之家亦无法度,至用檽梓黄肠,多藏宝货,烹牛作倡,高坟大寝。盖汉天子之椁,以柏黄肠为里而表以石。"根据汉朝礼制,黄肠题凑与玉衣、梓宫、便房及外椁同属帝陵重要葬制组成部分。

所谓"黄肠",是指堆垒在棺椁外的柏木,色呈黄色,如黄肠一般。所谓"题凑",是指将小方木的一头聚齐向内,再按照一定的规格垒砌而成的墓葬结构,亦称椁室。三国魏苏林在注释《汉书·霍光传》中"黄肠题凑"云:"以柏木黄心致垒棺外,故曰黄肠;木头皆内向,故曰题凑。"再据《后汉书·礼仪志》大丧条下刘昭转引《汉书音义》云:"题,头也。凑,以头向内,所以为固也。"

位于北京大葆台汉墓,是一座工程浩大的纯木结构地下宫殿,有东、西两座墓葬,称一号墓和二号墓。一号墓由外藏和内藏组成,墓室内有梓宫、便房和黄肠题凑,三棺二椁。在外椁与内回廊之间有一个宽0.9米的三面贯通的空间。外椁长5.08米,宽3.44米,厚0.24米,复原高2.70米;门宽2.92米,高2.2米,厚0.12米。内椁长3.82米,宽2.34米,板厚0.22米,复原高2.04米;门宽1.92米,高1.62米,厚0.10米。内外椁均为长方形,双扇对开,均外髹黑漆,内涂朱漆。据《北京大葆台汉墓》记载,内外椁的单体部件,从开料、拼合到刷漆,都是先在墓坑外制作,然后再在墓坑内进行组装。

图 17　北京大葆台一号墓室结构示意图　采自《北京考古四十年》

一号墓室内黄肠题凑系用 15000 多根柏木横向垒排而成,顶端用压边木加固,高达 3 米,直抵墓室顶部,南、北两壁顺向纵铺,东、西两壁横铺,每壁均为三十层,在南壁的正中辟有一门,与甬道相接。在四角交接处,南北壁的黄肠木端头垂直顶靠在东西壁黄肠木上。棺椁置于后室正中。在墓室外,还有殉葬车马及一柄渔阳铁斧。关于墓主的身份,一说是燕王,一说是广阳王刘建。二号墓当为其妻墓。

西汉晚期的高邮天山一号墓葬,其黄肠题凑的构筑方式因其形制复杂,导致与题凑原型不同:框平面呈近似方形,南北长 13.5 米,东西宽 11.2 米,高 4.1—4.5 米。四周用去楠木 857 根。每根长约 0.94 米,宽厚均为 0.4 米。在题凑的南北两端均设门道,门外用短题凑木封闭,使墓室俨如方城。题凑之外,东西各有侧廊(即外藏椁),东侧廊长 22.51 米,宽 1.3—1.62 米不等,高 1.6 米,内以间柱分隔为八间。西侧廊长 21.24 米,宽 1.55—1.62 米,高 1.6 米,内以间柱分隔为七间,放置车马、仪仗及灶、井模型。在题凑内与中椁之间,东西各筑五间厢房,内椁分前、后两室,前室,即便房,放置漆坐、漆案等。后室,即梓宫,放置棺具。需要指出的是,在这 857 根木料上,除涂有一层黄色颜料外,还在两端横截面中心部位镶嵌有方形小木块。对于此种现象,尤振尧在《"黄肠题凑"葬制的探论》中认为:在题凑木上加涂黄色颜料,恐怕是与楠木代替柏木有关。而镶嵌小方木,恐怕是与"绣墙题凑"有关。

《后汉书·礼仪志下》云:"东园匠、考工令奏东园补祕器,表里洞赤。虡文画日、月、鸟、龟、龙、虎、边璧、偃月,牙桧梓宫如故事。"出于多方面的考虑,汉代宫廷便设立了专门制造棺椁的机构和官员。凡宗室成员、勋臣都可以得到皇帝赐赏的棺椁。元康四年(前 62),西汉权臣张安世病逝,汉宣帝赐予印绶,"赐茔杜东,将作穿复土,起冢祠堂"。动用战车和武士为其送葬,谥曰敬侯。地节二年(前 68)三月,西汉权臣霍光病逝,《汉书》卷六十八《霍光传》载:其妻"太夫人显改光时所自造茔制而侈大之。起三出阙,筑神道,北临昭灵,南出承恩,盛饰祠室,辇阁通属永巷,而幽良人婢妾守之。广治第室,作乘舆辇,加画绣茵冯,黄金涂,韦絮荐轮,侍婢以五采丝挽显,游戏第中"。汉宣帝偕皇太后亲往霍府祭悼,并为其"发三河卒穿复土,起冢祠堂"。诏令以帝王之仪陪葬茂陵；赏赐玉衣、梓宫、便房、黄肠题凑等葬具，以缊辌车，黄屋送葬，谥曰宣成；划拨三百民户奉侍墓园，设置陵令负责守墓和祭祀等事务。

汉哀帝朝宠臣董贤、汉顺帝朝乘氏侯梁商，逝世后，皇帝亲临致哀。尤其是梁商，顺帝赏赐东园朱寿器、银镂、黄肠、玉匣、什物等共二十八种，钱二百万，布两千匹。顺烈皇后也送上了私房钱五百万，布一万匹。谥曰忠侯。出殡时，皇帝皇后亲送至宣阳亭，伫立瞻望灵车远去。

长沙象鼻嘴长沙王吴著墓，全黄肠题凑，共用柏木908根，四壁均与外椁板呈垂直方向排堆，后墙壁全砌六层，其余三壁各为四层，高度为1.85米，被砌成一个"凸"字形。

除用柏木、楠木外，也有用石材替代木材作题凑的，谓之"黄肠石"。《后汉书·礼仪志下》载："方石治黄肠题凑便房如礼。"据《河北定县北庄汉墓发掘报告》记载，在河北定县一座东汉诸侯王墓中出土黄肠石400多块，石块大多为方形，长、宽各为1米左右，厚为0.25米。其中有174块上面有铭刻或墨书文字，内容为奉献石材的县名、石工的姓氏、籍贯，以及石料的规格等。在砖构墓室的外侧，以黄肠石垒成题凑，再在砖室上面平铺石块三层。

邙山是东汉帝陵的所在地，在中华人民共和国成立前，邙山出土的黄肠石甚多。郭玉堂《洛阳出土石刻时地记》载："汉黄肠石，刻永建、阳嘉等年号，出土处在洛阳城东北三十里的邙山岭上的耀店村、后沟村、三十里铺、象庄村一带。""永建"、"阳嘉"均为东汉顺帝刘保的年号，由此可见，这些黄肠石都出自东汉顺帝年间。在今河南博物馆、偃师博物馆中，就收藏有很多东汉时期墓葬的黄肠石。

第二节 设置陵邑

所谓"陵邑"，是指为奉侍帝王陵园所设置的邑地。迁徙来陵邑定居者，谓之"奉山陵"。陵邑制度肇始于秦始皇陵。秦王嬴政十六年（前231）"置丽邑"。秦丽邑古城位于秦始皇陵园北，今新丰刘家寨村。秦丽邑南北长约1000米，东西宽约500米，管辖范围东至郑县，西至芷阳，南至骊山，北至渭河。秦始皇帝三十五年（前212），也就是在置陵邑十九年之后，始皇帝嬴政又迁三万户于丽邑。每户以五人计，总人口为十五万。晚唐时期，以才颖著称的吏部郎中曹邺发思古之幽情，留下了《始皇陵下作》："千金买鱼灯，泉下照狐兔。行人上陵过，却吊扶苏墓。累累圹中物，多于养生具。若使山可移，应将秦国去。舜殁虽在前，今犹未封树。"诗中有褒有贬，有赞有叹，表示虽过秦始皇陵但不屑一去，反而愿去凭吊公子扶苏。

西汉时期，陵邑的建置与县级平级。除了安排陵户奉守陵园外，主要还是为了削弱地方诸侯、豪强潜在的政治势力和经济势力，强化中央集权。《汉书》卷二十八《地理志下》云："汉兴，立都长安，徙齐诸田，楚照、屈、景及诸功臣家于长陵。后世世徙吏二千石、高訾富人及豪杰并兼之家于诸陵，盖亦以强干弱支，非独为奉山园也。"颜师古注："訾读与赀同。高訾，言多财也。"在长安城外及咸阳原上的十一座帝陵中，先后设置了汉高祖长陵邑、汉惠帝安陵邑、汉景帝阳陵邑、汉武帝茂陵邑，及汉昭帝平陵邑，史称"五陵邑"。至元帝渭陵废而不建，不再徙民起邑。

长陵邑城址位于今陕西咸阳韩家湾镇怡魏村，在高祖陵及吕后陵之南，仅一墙之隔。平面呈长方形，南北长2200米，东西宽1245米，墙厚7—9米不等。长陵邑之内设有官署、市场和里居。据文献记载，长陵邑有五万多户，人口近十八万。主要是从齐、楚之地迁徙而来，大族有昭氏、屈氏、景氏、怀氏、田氏五姓。高祖九年（前198），就有十万人从关东而来，就其人口密度而言，超越了都城长安。据史书记载，汉武帝曾亲往长陵邑内的小市寻找自己异父同母的姐姐。清人白纶《长陵天朗》诗云："高耸长陵逐鹿雄，长陵如在砀山中。明烟不觉趋跄下，想见当年赋大风。"清人王士正游长陵诗云："日照长陵小市东，依然踪迹逐飞莲。"可以想象当年邑中的繁华景象。

迁徙到长陵邑的居民，不但可以享受到政治上的殊誉，而且在经济上还能得到中央政府的"与利田宅"。到西汉末年，长陵邑人口"十不存一"，至东汉光和年间（178—183），"领户不盈四千"。进入三国时代，这座曾经万般荣耀、盛极一时的城邑遭到彻底的废弃。

安陵邑位于安陵之北五里处，陵邑城址平面呈长方形，东西长1548米，南北宽445米，墙厚9米。在东、北墙中央辟有城门。徙民多从楚国迁来。大族主要有爰氏、班氏、籍氏、闵氏等。《长安志》卷十三《关中记》载:"徙关东倡优乐人五千户以为陵邑。善为嗣戏。故俗称女嗣陵也。"就是说,在安陵邑中,有五千户人家是艺人。

阳陵邑位于阳陵之东二里处。《史记》卷十一《孝景本纪》载:景帝前元五年(前152)夏,"募徙阳陵,予钱二十万"。徙民主要来自关东,大户人家主要有田氏、爰氏、周氏、张氏、郦氏、奚氏、秘氏及单父氏等。阳陵邑东西长4.5公里,南北宽1公里左右,总面积4.5平方公里。现已探明:东西向有主街道十一条,宽度在9—50米之间;南北向街道三十一条,组成了百余个棋盘式的里坊。城里有密集的汉代建筑遗址、官署区、民居区和制陶作坊区,有铸造钱币的遗址和儿童墓地等。景帝和武帝时期,时有达官显贵徙居阳陵邑。

茂陵邑位于茂陵之东二里处,即今陕西兴平市南位乡道常村东窑匠沟之西。遗址东西长1500米,南北宽700米。文献记载茂陵故城"周长三里",这么小,推测绝非西汉当时的茂陵城。茂陵建成后,武帝刘彻曾于建元二年(前139)、元朔二年(前127)、太始元年(前96)先后三次徙民于此。第一次为了动员吏民迁徙,每家赐钱二十万,赐田两顷。在这些徙民中,一类是从巨鹿、邯

图18 汉武帝画像 采自明人王圻《三才图会》

郸两地来的官吏,品级为"吏二千石";另一类是当地的土豪,在当时,居茂陵邑的首要条件是必须有足够量的家资。如元朔二年(前 127),民间游杰郭解请求迁徙茂陵邑,终因家资不足,欲徙不能,欲罢不忍,后来得到诸公的馈赠,才如愿以偿。

《汉书》卷二十八《地理志上》载:"茂陵,武帝置。户六万一千八十七,口二十七万七千二百七十七。"比当时首都长安城的人口还多三万余。

相传茂陵邑中,有"为天下高訾"的挚氏,有"资产巨亿"的马氏,有家童多达千人的袁氏等。在陵邑中,也有以种种奇特手段发家致富的,如焦氏、贾氏。他们眼界宽阔,头脑灵活,曾投资千万之巨,采买囤积营建陵墓所需的木炭和菁草,以牟取暴利。适逢汉昭帝暴亡,急需营造陵寝之物,焦、贾二人便趁机大发横财。

因茂陵邑具有比较特殊的地位,故而导致陵邑内豪强们在政治上不知不觉地拥有了绝对的强势。如,大司农田延年为筹措建陵经费上书:"商贾或豫收方上不详器物,冀其疾用,欲以求利,非民臣所当为。请没入县官。"被触怒的列强土豪们便"出钱求延年罪"。田延年在修建昭帝墓圹时,租赁民间车辆,贪污三千万钱的事也被焦、贾两家揭发。尽管田延年有拥戴之功,尽管有大将军霍光、太仆杜延年及御史大夫田广明等朝臣向宣帝求情,然均无济于事,最终,宣帝赐田延年自刎,才算平息了这场政治风波。

在茂陵邑,迁徙而来的袁广汉可谓富商大贾。《西京杂记》卷三《袁广汉园林之侈》载:

> 茂林富人袁广汉,藏镪巨万,家僮八九百人。于北邙山下筑园,东西四里,南北五里,激流水注其内。构石为山,高十余丈,连延数里。养白鹦鹉、紫鸳鸯、氂牛、青兕,奇兽怪禽,委积其间。积沙为洲屿,激水为波潮,其中致江鸥海鸥,孕雏产觳,延漫林池。奇树异草,靡不具植。屋皆徘徊连属,重阁修廊,行之,移晷不能偏也。广汉后有罪诛,没入为官园,鸟兽草木,皆移植上林苑中。

此条详细记述了我国第一个私家园林的建置布局状况。镪,本为穿钱的绳子,引申为成串的铜钱。货殖私庭,藏钱数万。袁广汉后以罪被诛,武帝将其所造园林没收充公,凡园中鸟兽草木,皆移于汉武帝所建上林苑中。

董仲舒(前179—前104),西汉著名思想家、经学家,年老归居茂陵邑,每遇重大国事,武帝刘彻都会派遣廷尉张汤或其他官员专程赴茂陵邑董府征求他的意见。董仲舒死后,葬于京师长安西郊下马陵。有一次,武帝经过董的墓地,还特地下马致哀。

图19 董仲舒画像 采自明人王圻《三才图会》

平陵邑位于汉昭帝平陵之东,东西约1500米,南北约2000米,其范围东至今北上照村,西至平陵,南至渭惠渠,北至庞村一带。"王氏一斗"铜鼎就出土于庞村一带。《史记》卷八十五《吕不韦列传》载,"武、昭、宣三陵皆三万户。"以每户五人计算,则每陵人口约十五万。

当时,平陵邑属全国重要城市之一。在政治、文化和经济等方面占有主导的地位。西汉晚期,在宣帝刘询、元帝刘奭、成帝刘骜、哀帝刘欣及平帝刘衎当政的七十八年间,共有丞相二十一位,其中魏相(宣帝朝)、王嘉(哀帝朝)、平当(哀帝朝)、平晏(平当之子,平帝朝)皆出自平陵邑。平陵邑学者云集,文化气氛浓郁,朱云、韦贤、张山拊、郑宽中、士孙张、吴章、涂恽等著名士人皆家居平陵邑。东汉时期,如鲁恭、鲁丕、窦武、苏竟、何敞等大儒也都出自平陵邑。在经济方面,平陵邑的石氏、罗哀均在长安或巴蜀经营大宗生意,年获利千余万。尤其是如氏、苴氏,家资雄厚,被誉为天下高訾。

曹魏黄初元年(220),改平陵邑为始平县,西晋泰始二年(266),设始平郡,领始平、槐里、户县、武功等四县。前秦苻坚当政时,划始平县归茂陵县,平陵城逐渐被废弃。

第三节 因山为陵

因山为陵,又称凿石为冢,是指在山崖上开凿出墓穴,实际上就是一种崖葬形式,起源于汉武帝霸陵。位于河北满城陵山的中山靖王刘胜及其妻窦绾墓葬仿照其祖父霸陵治崖墓,是我国目前保存最完整、规模最大的"因山为陵"的墓葬。墓道及墓室凿山而成,呈弧形。在平面布局上,两墓大同小异,分为墓道、甬道、南耳室、北耳室、中室和后室六个部分。墓室中分别修建了木结构瓦房和石板房,形成了一座功能齐备的豪华山中宫殿。

在关中唐十八座帝王陵墓中,除高祖李渊献陵、敬宗李湛庄陵、武宗李炎端陵及懿宗李漼靖陵外,其余十四座帝陵皆因山为陵。

唐太宗昭陵位于陕西礼泉县城东北的九嵕山主峰。九嵕山地处渭河之北,泾河之南,海拔1200多米,九梁拱举,一峰独秀,奇石参差,苍鹰翱翔。南与太白、终南诸峰遥相对峙,东连仲山,西接武将山,东西两侧山峦起伏,沟壑纵横,岚浮翠涌,愈加衬托出主峰的高耸回绝。从南向北望去,山体两侧岩层伸展,呈簸箕形状,山峰呈圆锥形,大有"刺破青天"之势。从东南向西北望去,却成三峰聚会,活似一个笔架。相传此山为大禹治水时所用笔的支架。再从西南向东北望去,山峰又呈覆斗状,很像日本的富士山。加上渭水萦带其前,泾水环绕其后,愈加显示出山势的雄伟壮观。贞观年间,李世民曾对侍臣说:"昔汉家皆先造山陵,既达始终,身复亲见,又省子孙经营,不烦费人工,我深以此为是。古者因山为坟,此诚便事,我看九嵕山孤耸回绕,因而傍凿,可置山陵处,朕实有终焉之理。"

　　据说,汉武帝生前也看中了九嵕山这块风水宝地,但遭到了太中大夫东方朔的强烈反对。东方朔曾对武帝说,卜选陵址主要看三个方面:一是龙,即地脉之行止;二是砂,即山与周围环境的朝迎关系;三是水,即看水流形态与山形的关系。九嵕山中峰高,两边低,中峰乃帝峰,三峰高低不等,主前、后帝王弱势。另外,九嵕山后有泾水,此水割断了九嵕山的龙脉,大的方面,会引发江山易手,小的方面,会导致国运不兴。武帝听后,只好作罢。

　　《旧唐书》卷五十一《后妃列传上》载,贞观八年(634),身染重疾的长孙皇后曾对李世民说:"妾生既无益于时,今死不可厚费。且葬者,藏也,欲人之不见。自古圣贤,皆崇俭薄,惟无道之世,大起山陵,劳费天下,为有识者笑。但请因山而葬,不须起坟,无用棺椁,所须器服,皆以木瓦。俭薄送终,则是不忘妾也。"贞观十年(636)六月二十一日,年仅36岁的长孙皇后薨。是年十一月初四,安厝于昭陵石室。翌年二月,唐太宗颁《九嵕山卜陵诏》,开始了大规模的皇家陵园营建工程。贞观二十三年(649)五月二十六日,太宗崩于终南山翠微宫含风殿,初谥文皇帝,庙号太宗,葬于昭陵。

　　昭陵从埏道到地宫,75丈,约合230米,前后安门五道,象征金、木、水、火、土。地宫布局犹如大明宫,中间为寝室,设置如紫宸殿。东厢为承欢殿、长安殿、大福殿、拾翠殿、三清殿及承香殿等;西厢为太和殿、清思殿、洛堂殿、珠镜殿及宣徽殿等。开挖大池于紫宸殿后,象征大明宫太液池。大池四周有珊瑚树、翡翠山、黄金桥及白玉船等,池中散有白银鱼。各殿设排石桌、石椅、石人,内置黄金蜜橘,白玉苹果,翡翠桃李、珍珠葡萄等,真可谓富丽堂皇。

　　五代时,耀州节度使温韬率兵盗发昭陵,见墓室内部"闳丽不异于人间,中为正寝,东西厢列石床。床上石函,中为铁匣,悉藏前世图书,钟王笔迹,纸墨如新,韬悉取之,遂传人间"。据相关资料记载,昭陵墓道共用去石头3000块,每块重达两吨,且石与石之间相互铆扣,使其固为一体。清人周垣曾作《望九嵕昭陵》,其中描述道:"石色寒云人迹远,松阴斜日鸟飞还。明良相象君臣际,陵谷依然天地间。"

　　在唐十四座因山为陵的帝陵中,因地理环境,以及山形地貌的迥异,高大的陵体产生出不同的视觉冲击,大自然的鬼斧神工所造就的山陵奇特地貌,在人们脑海里产生诸多浮想：

当你站在昭陵东北角向南眺望，九嵕山酷似一只体型硕大的卧虎，虎头朝向东南，贴于地面，虎的眼睛和鼻翼轮廓清晰，栩栩如生，前腿平伸于东北方向，后腿微屈，虎臀高高隆起，给人以一种雄健有力的感觉，尾巴平迤于西北方向，又给人一种悠悠然而自得的美妙感觉。

而当你站在咸阳塬上向梁山眺望，乾陵宛如一位出浴的美人，静静地仰卧在茫茫苍穹之下：梁山主峰是其头颅，主峰之北的碧绿松林是其飘逸的秀发，司马道是其玉颈，陵寝之天然门户——东西对峙的山峰，似其浑圆挺秀的双乳，微凸的腹部和自然舒展的双腿则于朦胧之中伸向广袤无垠的八百里秦川，弥漫在陵区的淡淡山岚则给这座古陵增添了旷远神秘的色彩。

图 20　唐乾陵远眺　吴加林 摄

中宗李显葬于凤凰山，曰定陵。凤凰山是由三个东西排列的墨玉色石灰岩山峰所组成。在山峰之北，围绕着一道半圆形的山梁，东西两端各连一峰，中峰从山梁正中伸出，恰似凤凰头，左右两峰东西对峙，犹如凤凰展开的两翼，从南往北远眺，整个山形犹如一只美丽的凤凰，在浩瀚无垠的原野上展翅翱翔。

肃宗李亨建陵，位于陕西省礼泉县武将山南麓，周围沟壑纵横，北衬群山起伏叠嶂,形势壮阔,南望沃野广袤,漫无边际。东与九嵕山之昭陵遥相对峙,西与梁山之乾陵隔川相望,面临泔河,居高临下,气势壮观。主峰海拔981米,挺直陡立,酷似竖起的佛指。

德宗李适崇陵位于陕西省泾阳县嵯峨山南麓,地势高亢,气势雄伟,主峰海拔955米,山有五峰,形似笔架。

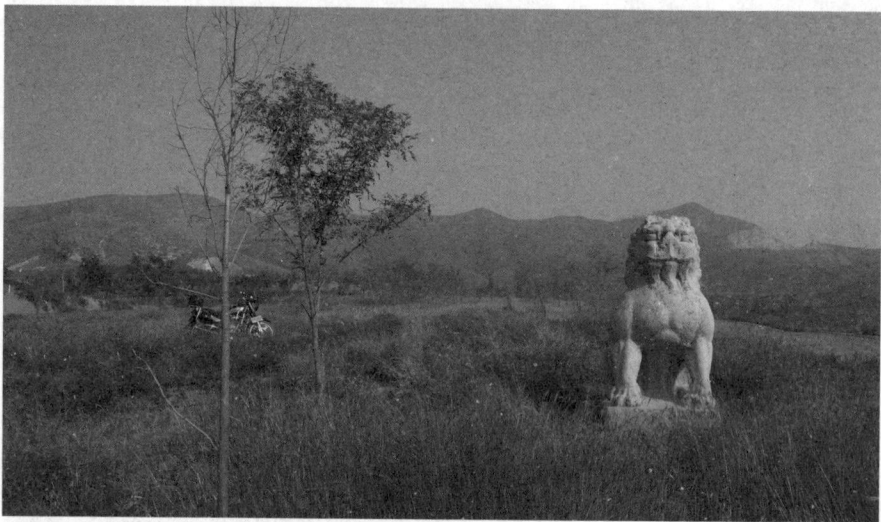

图 21　唐德宗崇陵　党明放 摄

顺宗李诵丰陵位于陕西富平县金瓮山南麓,向北远眺,山形酷似卧虎,头西尾东,主峰恰似虎头,左腿伸出,右腿及后腿微曲,形象逼真,造型自然。

第四节　同茔异穴

同茔异穴,是指将一对夫妻分别葬在同一个墓园内两个相互紧靠的墓穴中。同茔异穴起源于战国王陵,西汉时期的帝陵继承了这一葬制。《关中记》载:"高祖陵在西,吕后陵在东。汉帝、后同茔,则为合葬,不合陵也。诸陵皆如此。"根据对西汉帝陵的调查和发掘情况,西汉帝后合葬也都是同茔异穴。

西汉自文帝开始,皇帝和皇后陵园分开建造,人各一座。按照当时的礼制,帝陵在西,称西园,后陵在东,称东园。葬制之所以如此布局,是依据王充

《论衡·四讳篇》所云:"夫西方,长老之地,尊者之位也,尊长在西,婢幼在东。"一般情况下,帝陵陵园边长在 400 米以上,450 米以下,陵园墙高约为 10 米。后陵陵园边长在 330 米之内。

在陵园外,有勋戚陪葬墓。陵旁设陵邑。在汉代,皇帝一般居未央宫,皇后居长乐宫,两宫均位于长安城南部,未央宫在西,长乐宫在东,帝王陵园酷似皇城里的未央宫,皇后陵园酷似皇城里的长乐宫。但也有例外,如惠帝安陵、武帝茂陵及元帝渭陵,皇后陵均在帝王陵之西。

北宋时期,由于后妃政治地位的不断提高,除宋宣宗永安陵是夫妻合葬外,其他帝王陵园内皇后单独起陵,但在规制上,则远远逊于皇帝陵,旧有"帝陵百亩,后陵四十"的说法。

第五节　兴建陵寺

永固陵是北魏文成帝文明皇后冯氏的陵墓,位于山西大同市镇川乡西寺儿梁山南部。

永固陵采取墓、寺结合的布局,颇具佛教色彩。冯太后一生笃信佛教,此设计可能出于冯太后本人意愿。寺院平面呈方形,四周广植松柏。永固陵开创了陵、寺结合的陵寝制度。

而专为皇陵建置寺院,则始于东汉明帝刘庄。据北魏杨衒之《洛阳伽蓝记》记载:"明帝崩,起祗洹于陵上。自此以后,百姓冢上,或作浮图焉。"浮图,梵语音译,对佛或佛教徒的称呼,又称佛教建筑,后专指高塔。

光业寺,位于河北隆尧县魏庄乡,为唐祖陵附属建筑物,兴建于唐高宗总章(668—669)年间。寺内原建有宝塔、珠台、前湖、仙馆、佛星宫宇、灵帝观楼、银函藏经楼以及塑像和壁画等。后屡兴屡废,寺院遗址今成耕田。唯有开元十三年(725)所刻《大唐帝陵光业寺大佛堂之碑》现存于隆尧县碑刻馆。据碑文记载:"光业寺者,盖开元八代祖宣皇帝、七代祖光皇帝陵园之福田也。"福田,佛教用语,谓可生福德之田。犹如农夫耕田,便有收获,则称佛、僧、父母、悲苦者为福田。

瑶台寺,《释氏稽古略》引《辨证录》载:贞观五年(631),李世民为其母穆太后在庆善宫建造了慈德寺,为长孙皇后在昭陵建造了瑶台寺,并敕令玄琬法师在德业寺为皇后写佛藏经。庆善宫位于陕西武功县城南,是唐高祖李渊的府第之一,也是李世民的驾临之所。《长安志》载:"武德元年建武功宫,六年改庆善宫。贞观六年太宗临幸,宴群臣赋诗,后废为慈德寺。"

根据宋人李好文《长安志图》中对《唐昭陵图》的标示,在昭陵周边,除皇家陵寺——瑶台寺外,还分布有百城寺、舍卫寺、升平寺、香积寺、菩提寺、惠昭寺、安乐寺、知胜寺、宝国寺、证圣寺、澄心寺等多座寺院,但不知其中还有哪些隶属昭陵陵寺。

北宋时期,在帝王陵寝区域内都设有皇家寺院,作为帝王陵寝建筑的有机组成部分。寺院大多位于陵区的西北部。宋人李攸《宋朝事实》卷一载:"永安陵、永昌陵、永熙陵,以上系永昌禅院;永定陵系永定禅院;永昭陵、永厚陵,以上系昭孝禅院;永裕陵、永泰陵,以上系宁神禅院。"永昌禅院是专为宋宣祖赵弘殷、宋太宗赵匡胤、宋太宗赵光义"诵经荐福"之所,故又称三陵永昌院。建置年代在宋太祖太平兴国元年(976)之后。永定禅院位于河南巩义市芝田镇后泉沟村西,始建于乾兴元年(1022)四月,当地人称丁香寺。距永定陵上宫约1000米。现地面残存四件幡杆夹石,两两成组,通体光滑。昭孝禅院位于今河南巩义市康店镇寺沟村,始建于宋神宗熙宁初年,东南距英宗永厚陵3000米。徽宗政和年间改名寿圣寺,复改昭孝禅院。后遭兵灾,明初迁移至山麓。宁神寺院位于河南巩义市芝田镇八陵村西,始建于宋哲宗元祐初年,东南距永裕陵上宫约1300米,南距永泰陵上宫约850米。自徽宗崇宁元年(1102)以后,又追奉宋哲宗永泰陵,为永裕、永泰二陵的"荐福之所"。寺院二僧,赠紫衣一僧。

第六节 前朝后寝

明朝朱元璋在南京紫金山南麓独龙阜玩珠峰下为自己建造孝陵时,既继承了唐宋及唐宋之前帝陵"依山为陵"、"封土为陵"的陵寝制度,又改"方坟"为"圜丘",按照皇宫建筑"前方后圆"格局建立。所谓"前方",指方形院落,"后圆",指圆形宝城。陵园平面布局由前朝的方形改为长方形,从而开创了

陵寝文化

"前朝后寝"的三进院落制陵寝建筑格局。

圜丘,古时祭天的坛。《周礼》云:"冬至日,于地上之圜丘奏之。"《尔雅》:"土之高者曰丘,取自然之丘圜者,象天圜。"

明孝陵,沿中轴线纵向排列的宝顶、明楼及享殿作为一种新的陵寝布局形式出现了。其次,取消寝宫建筑,扩大祭殿建筑设施,废除宫人侍奉墓主灵魂起居饮食的旧制。

明孝陵方城用巨型条石砌成,东西长 75.26 米,南北宽 30.94 米,前高 16.25 米,后高 8.13 米,底部为须弥座。正中为一拱门,中通圆拱形隧道。由五十四级台阶而上出隧道。明楼位于方城之上,为重檐歇山顶,上覆黄色琉璃瓦,东西长 39.45 米,南北宽 18.47 米,南面开三个拱门,其余三面各开一个拱门。每扇门上的门钉为九行,每行九颗,以彰显九五之尊。宝顶近似圆形大土丘,直径约 400 米,亦称宝城,是帝后寝宫所在地。周围砌有砖墙。宝城厚实坚固,依山势起伏,下砌巨石,上用明砖垒筑,厚约 1 米。

"前方后圆"的陵寝规制所突出的就是皇权政治,所体现的就是封建礼制。此规制一直规范着明清两代 500 余年 20 多座帝陵的建筑格局。

第五章　帝陵建筑

帝陵建筑,是中国古代建筑的重要组成部分。古人基于人死而灵魂不灭的观念,普遍重视丧葬。因此,任何阶层皆对陵墓进行精心构建,并在漫长的历史进程中,产生了举世罕见的帝后墓群,且在历史演变过程中,陵墓建筑逐渐与书法、绘画、雕刻等诸多艺术融合,成为反映多种艺术成就的综合体。

第一节　两汉时期

西汉时期的墓葬流行壁画,一般会在墓门内的门额和主室中的立柱、梁额、隔墙、后壁及顶部绘制。

画像石墓出现在西汉晚期,分布在全国各地。一般分为全石建筑及砖石混合建筑两种。无论是哪种建筑,都会在墓室设置一条中轴线,并在此线上分布前、中、后三室。墓室的门楣、门槛、立柱、过梁等部位都雕刻画像,有浮雕,有线雕;形制上有"回"字形,有"品"字形,还有"卜"字形。

画像砖是建筑墓室时选用的一种一边印有花纹的长方形或方形的小砖,花纹面朝向墓内。画像砖所表现的体裁和内容非常广泛,有劳作场面,有生活场景,有燕乐,有观伎,有出行,还有歌舞百戏及神话故事,等等。1954 年,在山东临沂县北寨村发掘了一座东汉晚期汉画像石墓,墓室全部使用石材砌成,长 8.7 米,宽 7.55 米,有三个主室、四个耳室和一个东后侧室,占地 88.2 平方米。而画像总面积达 442 平方米,主要分布在墓门和前、中、后三室。战争图画在了墓门的门额上,是两军于桥上对阵的场面。在前室和中室的横额上,画有祭祀吊唁场面。在中室四壁,刻有"完璧归赵"、"荆轲刺秦"等十八幅历史故事。后室主要刻画家居生活场面。另外,在墓室各处还有大量的东王公、西王母等神话传说及仙禽神兽画像。

1996 年,在陕西神木县大保当镇发掘的二十六座东汉墓中,在其中十三座墓内发现画像石逾六十块。在绝大多数画像石上涂有桃红、朱红及白、紫、褐三色,墨线勾绘,焕然一新。

第二节　魏晋南北朝时期

魏晋南北朝时期,由于战乱迭起,政局分裂,社会秩序紊乱,盗墓之风甚嚣尘上。西汉刘向《谏成帝营陵寝疏》云:"其葬愈厚,丘陇弥高,宫庙甚丽,发掘必速。"所以,埋金藏玉之厚葬帝陵便成为盗墓者频频光顾的首选对象,"珠柙离玉体,珍宝见剽虏。"为了避免遭此厄运,魏太祖曹操遗令:"殓以时服,葬于邺之西冈,与西门豹祠相近。无藏金玉珍宝。"黄初元年(220),曹操葬于高陵(今河北省临漳县、磁县一带),不起坟丘,不建寝殿。为乱人耳目,传其置七十二疑冢。唐云明等《磁县讲武城七十二疑冢调查》记载:"据县志记载,为三国时曹操置之,民国以来经人盗掘,方知这些土冢大部分为北齐、北魏王公要人之墓。但这些记载是否与事实相符,目前尚难知道,只有待以后的发掘来证实。"在调查中,发现有一墓冢前有石碑,推知乃北齐忠武王高肃墓。由此可以看出,曹操疑冢实际上是北朝的古墓群,确切数字是一百三十四座。

图 22　魏太祖曹操画像

在四川成都武侯祠刘备寝殿,原有清人完颜崇实撰联,耐人寻味。联云:"一抔土尚巍然,问他铜雀荒台,何处寻漳河疑冢;三足鼎今安在? 剩此石麟古道,令人想汉代官仪。"上联的大意是说,刘备的坟墓至今尚在,而在漳河边上的铜雀台旁,怎么能找到曹操的假墓呢?

魏文帝曹丕鉴于汉氏诸陵被盗掘之惨状,竭力废除秦汉以来的陵寝制度。《三国志》卷二《魏书·文帝纪》记载,黄初三年(222),曹丕选都城洛阳的首阳山东麓为其陵寝之所,以"古不墓祭,皆设于庙"为由,下诏毁去先帝高陵上的所有殿屋,使"车马还厩,衣服藏府",并留下终制:"自古及今,未有不亡之国,亦无不掘之墓也。丧乱以来,汉氏诸陵无不发掘,乃至烧取玉匣金缕,骸骨并尽,是焚如之刑,岂不重痛哉!祸由乎厚葬封树。'桑、霍为我戒',不亦明乎?其皇后及贵人以下,不随王之国者,有终没皆葬涧西,前又以表其处矣。盖舜葬苍梧,二妃不从,延陵葬子,远在嬴、博,魂而有灵,无不之也,一涧之闲,不足为远。若违今诏,妄有所变改造施,吾为戮尸地下,戮而重戮,死而重死。臣子为蔑死君父,不忠不孝,使死者有知,将不福汝。其以此诏藏之宗庙,副在尚书、秘书、三府。"遗令"寿陵因山为体,无为封树,无立寝殿,造园邑,通神道。夫葬也者,藏也,欲人之不得见也。骨无痛痒之知,冢非栖神之宅,礼不墓祭,欲存亡之不黩也,为棺椁足以朽骨,衣衾足以朽肉而已。故吾营此丘墟不食之地,欲使易代之后不知其处"。

黄初七年(226),曹丕四十而驾崩,《三国志》卷二《魏书·文帝纪》记载:"葬首阳山,自殡及葬,皆以终制从事。"魏明帝曹叡,生前虽崇尚奢华,但在丧事上却提倡薄葬,以至于"未遽营陵之制也"。由于曹氏父子的薄葬言行,竟然达到了上行下效的积极作用。曹操第三子陈思王曹植、第十一子中山恭王曹兖皆遵遗令,依父兄终制。又据《三国志》卷五《魏书·后妃传》记载,文帝皇后郭氏的外甥孟武欲厚葬其母,郭皇后知道后连忙制止说:"自丧乱以来,坟墓无不发掘,皆由厚葬也;首阳陵可以为法。"

西晋历四帝五十二年,帝陵承袭曹魏之风,依山为陵,丧埋从简。《晋书》卷一《宣帝纪》载,嘉平三年(251),晋宣帝司马懿驾崩,生前预作终制:"于首阳山为土葬,不坟不树,作《顾命》篇,敛以时服,不设明器。后终者不得合葬。"晋景帝司马师驾崩,其"丧事制度,又依宣帝故事"。晋文帝司马昭的皇后王氏及晋武帝皇后杨氏薨,皆承前制,实行薄葬。又据《晋书》卷四《惠帝纪》记载,永平元年(291),惠帝司马衷废除东汉时期所创立之上陵礼,诏令:

"子弟及郡官并不得谒陵。"也算是在帝王陵寝制度上的一次改革。

东晋历十一帝一百零四年。太宁三年(325)八月,明帝司马绍遗命:"不幸之日,敛以时服,一遵先度,务从简约,劳众崇饰,皆勿为也。"咸康七年(341)三月,年仅二十一岁的恭皇后杜氏病薨,埋葬后,成帝司马衍诏令:"今山陵之事,一从节俭,陵中唯洁扫而已,不得施涂车刍灵。"

元熙二年(420),在位仅一年半的恭帝司马德文遭到臣子刘裕的逼迫禅位,被废为零陵王,迁秣阳(今湖北荆门县),正朔、车驾、衣服等俱依晋例,刘裕派遣冠军将军刘遵考带兵监管,翌年被杀。选墓坑于富贵山(今江苏南京市玄武区)南麓峡谷之中,曰冲平陵,埋葬后,填土使之与两旁山梁齐平。太妃卒,合葬于陵,备物一如晋典。据《建康实录》记载,东晋诸帝除穆帝永平陵外,墓葬多不起坟。永平陵高一丈六尺,也仅有西汉诸陵的八分之一。

十六国时期,以匈奴、羯、鲜卑、羌及氐为主的五胡少数民族君主入居中原,其墓葬方式多为"潜埋"。《晋书》卷一百零四《石勒载记上》载,建兴元年(313),后赵明帝石勒生母王氏去世,石勒将母"潜窆山谷,莫详其所。既而备九命之礼,虚葬于襄国城南"。石勒临终前曾遗言,"三日而葬,内外百僚既葬除服……敛以时服,载以常车,无藏金宝,无内器玩"。《晋书》卷一百零五《石勒载记下》载,后赵建平四年(333),石勒驾崩后,"夜瘗山谷,莫知其所,备文物虚葬,号高平陵"。《太平寰宇记》引《郡国志》云:"勒尸别在渠山葬之。夜为十余棺分道出埋,以惑百姓。"石虎死后,同样是潜埋虚葬,"自别于深山"埋之。由此可见,潜埋虚葬是石赵诸王及王室丧制的成规。《十六国春秋·南燕录》载,太上元年(405),南燕献武帝慕容德驾崩,"为十余棺,夜分出四门,潜瘗山谷,莫知其尸所在,虚葬于东阳陵"。

第三节　唐宋时期

据《长安志》记载,在关中唐十八陵中,因山形地貌,不同时期的帝陵封域各不相同。自大而小,依次为:太宗李世民昭陵、宣宗李忱贞陵,封域均为一百二十里;高宗李治乾陵封域为八十里;玄宗李隆基泰陵封域为七十六里;其余如中宗李显定陵、睿宗李旦桥陵、肃宗李亨建陵、代宗李豫元陵、德宗李适崇陵、顺宗李诵丰陵、宪宗李纯景陵、穆宗李恒光陵、敬宗李湛庄陵、文宗李昂章陵、武宗李炎端陵、懿宗李漼简陵、僖宗李儇靖陵十三座封域皆为四十里；高祖李渊献陵封域仅为二十里。

唐陵的整体建筑主要有：鹊台、下宫、乳台、神道、石刻、阙楼、门阙、庑殿、献殿、宫殿等。

梁山，初称凉山，是一座从黄土台塬上平拔而起的圆锥形石灰岩石山，北倚群峰，南临广壤，东望九嵕山，西接翠屏。豹谷环其东，漠谷绕其西。梁山峥嵘峭拔，地势险要，为东西通衢之咽喉、古代兵家必争之地，史学家称其为"秦地之上游，北门之锁钥"。

梁山峰顶上现有一块浑圆似璞的巨石，据说是当年古公亶父逾梁山时坐过，被后世称为"丢石"，故有"昔太王一逾而奠八百载宏基"之赞语。《元和郡县图志·奉天县》卷一云："古公亶父逾梁山止于岐下，及秦立梁山宫，皆此山也。"《三辅黄图》卷之一云："梁山宫，始皇幸梁山，在好畤。"《括地志》云："梁山宫俗名望宫山，在雍州好畤县西十二里，北去梁山九里。"《三秦记辑注》云："梁山宫城皆文石，名织锦城。"汉武帝刘彻在此猎获白麟。据今人何清谷先生考证，梁山宫的主要宫殿位于今漠谷东岸，梁山大岭东南，乾县城东好畤村之西。

梁山系岐山支脉，为乾县境内各山之祖脉，山脊长约18公里，宽约1公里，山石崔嵬苍润，素有"金岭"之称。唐初归好畤县管辖，天授元年(690)，析好畤、礼泉、始平、武功、永寿五县部分辖区置奉天县，意为供奉天子陵寝。城因陵而设，筑城为"龟"形，意取长治久安。乾宁二年(895)，更名乾州。民国二年(1913)改州为县。《乾县新志》云："梁山横亘于县北，为境内各山之祖脉，东与九嵕山比峻，北同五峰山相映，南与太白终南遥拱。"

相传，武后临朝，曾派袁天纲和李淳风为卜陵使，分头去为高宗秘选陵寝之地，期限以一月为度。临行前，武后赐给李淳风铜钱一枚，赐给袁天纲凤簪一支，说道：李淳风若选中吉壤，可将此钱埋入地下。结果，李淳风跑了两个多月，在梁山的龙穴之处埋下了这枚铜钱。而袁天纲经过一个多月的寻找，也在梁山的吉壤处插下了这支凤簪。后来，武则天派人去验证他们二人所选吉壤是否一致，结果挖开一看，袁天纲的凤簪正好插在李淳风的铜钱方孔之中。从此,民间传说袁天纲是天罡星中智慧之星下凡。

此外,坊间还流传着一种说法:高宗即位不久,就派自己的舅父、太尉兼检校中书令长孙无忌和专管天文历法的太史令李淳风为自己选择陵地。有一天,他们二人巡视到梁山,只见此山三峰高耸,主峰上摩烟霄,东隔乌水,与九嵕山相望,西有漆水,与娄敬山相连。乌、漆二水汇聚山前抱合,形成水垣,围住地中龙气,实乃"龙脉圣地"。

长孙无忌和李淳风回京禀报高宗。袁天纲听后,表示极力反对,说:"梁山从外表上看是一块风水宝地,但细看有许多不足之处:其一,梁山虽然东西两面环水,能围住龙气,但与太宗龙脉隔断,假如老百姓选祖茔于此,是可以兴盛三代,但作为帝王山陵,恐三代后江山有危。大唐龙脉从昆仑山分出一支过黄河,入关中,以岐山向东蔓延至九嵕山、嵯峨山、凤凰山、丰山、尧山、金粟山,今太宗归葬之九嵕山为龙首。陛下绝对不可越居龙首之前,况梁山在周代乃龙脉之尾,尾气必衰,主陛下治国无力。其二,梁山北峰居高,前有两峰似女乳状,整个山形远观似少妇仰躺。陛下选陵于此,恐后必为女人所控。其三,梁山主峰直秀,属木格,南二峰圆利,属金格。三峰虽然挺拔,但远看方

图 23　长孙无忌画像　采自明人王圻《三才图会》

平,为土相。金克木,土生金,整座山形龙气助金,地宫营建于主峰之下,主陛下必为金格之人所控。依臣愚见,万万不可建陵于此!"

高宗听了袁天纲的高谈阔论后,犹豫不决,遂退朝不议。早有武则天亲信密报武氏,武氏听了兴高采烈,她暗自思忖:小时候听父亲说,袁天纲在为我相面时说我将来能做女皇,如此看来要应验了。晚上,就不失时机地给高宗吹了一阵枕边风,第二天早朝时,高宗传出圣旨,定梁山为陵址。袁天纲一听,仰天长叹:"代唐者,必武昭仪。"袁天纲为防不测,便挂冠而去,云游四方。

梁山三峰鼎立,北峰雄伟峭拔,耸入烟霄,海拔1047.9米,相对高度约300米,是乾陵玄宫所在。南二峰稍低,且东西对峙,为陵寝之天然门户。顶端又各有一座天然形成的土阙,其形状宛若女人的两个乳头,故称乳峰,当地人称奶头山。南北主轴线长达4900米。

弘道元年(683)十二月初四日晚,高宗驾崩。初八日,武则天命摄司空、吏部尚书韦待价为山陵修作使,以户部郎中、朝散大夫韦泰真为将作大匠,共同护营乾陵工程。《新唐书》卷一百七《陈子昂列传》载:"山陵穿复,必资徒役,率癯弊之众,兴数万之军,调发近畿,督挟稚老,铲山辇石,驱以就功……"乾陵修成后,武则天又命侍中刘齐贤和霍王元轨知山陵葬事,文明元年(684)八月十一日,为高宗举行了隆重的葬礼仪式。从高宗驾崩到埋葬,历时二百七十三天。埋葬高宗后,乾陵营建工程仍在继续进行。地面上的寝殿建筑及大型石雕都是在武则天时期逐渐建造和树立的。整个陵园宫阙林立,重城森严,完全符合武则天的心愿。

乾陵仿唐长安城格局营建,分内、外城垣两重。内城,又称皇城。内城基本呈方形,城墙总长5918米。南北城墙基本一致,东西城墙稍有出入。四周城基夯土宽度2.10—2.50米,地表夯土厚0.75—1.35米,层厚0.10—0.12米,残高0.50—2.50米。东城基:南起今沈家池村,向北经东华门村再稍向西北延伸至824米处止,全长1582米。南城基:东起今沈家池村北,往西经今石马道村、黄巢沟上坡岭(当地村民称棒槌岭)向西南延伸,全长1450米。西城基:由今西华门村向南,经过西华门、下沟(何家沟)上坡到岭上,全长1436米。北城基:由今东华门村北842米处起,向西经后宰门村,再向西至708米处止,全

图 24　唐乾陵陵园及石刻平面分布示意图　刘向阳提供

长 1450 米。东西南北四面正中各辟一门,分别以青龙、白虎、朱雀、玄武四神命名。门址均宽约 27 米。四门建有阙楼,均为最高等级的三出阙,即一个为母阙,两个为子阙,土木结构,楼基和墩台均系夯筑,以砖包砌。门外各置石狮一对,北门加置六马及石虎一对。陵前建献殿。筑阙台一对,城垣四隅建有角楼,角楼基址现均在。周围均遗存有残砖、瓦片、瓦当和石渣等。

乾陵陵园原地面主要建筑有:

青龙门阙台,位于东门门址外 28 米处,两阙相距 28 米。南阙址底长 19.30 米,残宽 8.50 米,残高 4 米;北阙址底长 19.50 米,宽 11.50 米,残高 6 米。夯层厚 0.08—0.09 米。

白虎门阙台,位于西门门址外 31 米处。两阙相距 43.50 米。南阙址底长 17 米,残宽 6.40 米,残高 4 米。夯层厚 0.08—0.09 米。周围遗存有大量的残砖、瓦片和红烧土等。

朱雀门阙台,位于南门门址外 25 米处。北距朱雀门遗址约 650 米。如阙凌霄,可谓"表南山之巅以为阙",显现帝王陵园的肃穆与威严。东乳峰海拔944 米,西乳峰海拔 930 米,双峰呈东北西南走向,斜向对峙,两者相距约 380米。双阙分别筑于峰顶。现东阙址残高 14.40 米,西阙址残高 9.70 米,下部尚存基石及包砌砖。

玄武门阙台,位于北门门址外 28 米处。两阙相距 40 米。东阙址底长 20米,残高 11.50 米。夯层厚 0.08—0.09 米。周围遗存有大量的残砖、瓦片和红烧土等。

邀驾宫,是唐代后世帝王祭祀乾陵时的休憩处所,位于乾陵陵园第一道门西南方向约 300 米处,即今邀驾宫村。此宫西临漠谷河。

下宫,是守陵人员和负责谒陵祭祀礼仪的宫人居住的地方,位于乾陵神道西侧,即西乳峰山下。唐朝规定:"唐诸陵有署令一人,从五品上;府二人,史四人,主衣四人,主辇四人,主药四人,典事三人,掌固二人。又有陵令一人,掌山陵,率陵户卫之。"

献殿,又叫寝宫,是后世帝王子孙上陵祭祀天地神祇和祖宗的场所,位于朱雀门内侧,即今陵碑的平台上,系宫殿式建筑,平面呈长方形,东西长 63 米,南北宽 11.80 米。现在遗址处发现石灰岩质方形柱础 1 个,边长 0.74 米,中间有卯眼,裸露地面 0.10 米。

游殿,又称上仙观,位于梁山之巅,是一种礼制性的建筑物,为虚拟的灵魂栖息之所。《旧唐书》卷十一《代宗本纪》载,大历八年(773)"夏四月戊申(初三日),乾陵上仙观天尊殿有双鹊衔紫泥补殿之隙缺,凡十五处"。基址东西长 27.50 米,南北宽 16.50 米。另有原六十四蕃臣像廊房、石雕长廊、无字碑和述圣纪碑碑亭等。

神龙元年(705)十一月二十六日,武则天崩于洛阳上阳宫。《资治通鉴》卷二百八载,武则天临终前遗旨:"去帝号,称则天大圣皇后。"十二月二十一日,中宗李显为满足母后"归陵"遗愿,欲合葬乾陵。不料却遭到了给事中严善思的反对。据《资治通鉴》卷二百八《中宗大和大圣大昭孝皇帝中》记载:

> 太后将合葬乾陵,给事中严善思上疏,以为:"乾陵玄宫以石为门,铁锢其缝,今启其门,必须镌凿。神明之道,体尚幽玄,动众加功,恐多惊黩。况合葬非古,汉时诸陵,皇后多不合陵,魏、晋已降,始有合者。望于乾陵之傍更择吉地为陵,若神道有知,幽涂(途)自当通会;若其无知,合之何益!"

严善思的意思是说,若尊者先葬,卑者就不宜惊动尊者而后葬入。则天太后卑于天皇大帝,今若开陵合葬,即以卑动尊,恐惊龙脉。而宽厚仁慈的中宗最终还是命人重启玄宫隧道,于神龙二年(706)五月十八日,将武则天合葬乾陵。从此,乾陵实际成为中国古代帝王陵墓中唯一一座一陵葬两帝的陵园。之后的中宗、睿宗朝,又将两位太子、三位王公、四位公主、八位大臣陪葬乾陵。乾陵的整个营建工程经武则天、中宗及睿宗朝初期,历时 57 年之久。

据专家推测,乾陵墓室由墓道、过洞、天井、前后通道及左右宫殿组成。

玄宫位于梁山主峰南麓的中腰部,拔地 104 米。此处地形如出水莲花,案似高楼凤阙,内外明堂开亮,左右弼辅森严,拱顾周旋,云秀朝宗。墓室开凿在古生代奥陶纪灰岩山体中。据陕西省文管会 1960 年勘探,通向墓室的隧道呈斜坡形,全长 63.10 米,南宽北窄,最宽处 4 米,最窄处仅 2.80 米。勘探资料表明,在隧道砌石上有夯土,土层厚 2.80 米,夯层厚 0.16—0.23 米。夯土由黑、黄褐土和石灰混合而成,并夹杂有少量的残砖、瓦片、石灰及小石渣等。石条排列整齐,但由于祔葬武则天时重新开启玄宫隧道的缘故,导致刻字编号紊乱,有的石条与石条的凹槽之间已经残破,也没有嵌铁栓板,只是填满了石灰。

弘道元年(683),高宗驾崩。皇太子李显即位,将高宗棺椁放入乾陵玄宫后,用不同规格的石条自南而北顺坡层叠扣砌,然后密封,共 39 层,从平面看,每层用石条 410 块。最长者 1.08 米,最宽者 0.60 米,最厚者 0.45 米,最薄者仅 0.10—0.15 米。在其中的 110 块石条表面上刻有 363 个字,并在字的笔划内涂有红色,用以记载石条的方位,比如:莱常口、常惠、常黄、常则、高便才、焦才、王积、合一、合三、元二、左二、开一、六十四、六十五、左五、一百二十九、日、月、星辰等。为固定叠砌的石条不致移动,在左右相邻的石条上凿有燕尾形凹槽,两槽尾部相对,其间嵌以长 18—27 厘米、厚 5—8 厘米、重 9—10.5 公斤的燕尾型细腰铁栓板,在上下相邻的石条间凿孔以铁棍相穿,缝隙再用锡铁浆液浇注。再在隧道石条的上面用石块、石灰及黄褐及红褐二色的夯土打成,使之同整个山体浑然一体。

另外,在隧道中腰偏南两侧的墙壁上残存有石灰和壁画痕迹。北端的石壁上有"□中古社至"、和"渭南居上□"等墨笔字样。《旧唐书》卷一百九十一《严善思列传》载:"乾陵玄阙,其门以石闭塞,其石缝隙,铸铁以固其中。"

传说武则天篡权后,为了使乾陵地宫更加华丽,曾命所有官员在三个月内,每人奉献夜明珠一颗,否则官降三级。一时间,举国上下掀起了一股寻找夜明珠的狂潮。三个月期限已到,户部竟然收到了 30 万颗。后来,武则天听说吐蕃有很多夜明珠,遂派使臣前去索要,结果遭到吐蕃的拒绝,武则天一怒之下,诏命薛仁贵领兵 30 万出击吐蕃,结果吐蕃大败,被迫献出了 5 万颗夜明珠。

为了突出对历史文物的保护和研究,重展东方第一封建帝王陵园的雄姿,1985 年 1 月,国家投资 150 万元,历时两年,建成了一条奥妙无穷的登陵石阶路。

乾陵台阶路从陵前村东西路起步,全长 578 米,比举世闻名的南京中山陵的石阶还长出 75 米,宽 11 米,落差 86.2 米。用 32000 块规格为 80×40×20 厘米的富平墨玉石料砌成 526 级台阶和 18 座平台。下为起步平台,以石栏杆座绕其一周,面积 5635 平方米,雄关高峙,远看酷似一座团城。上为石柱平台,建有双层栏杆座绕其两侧。南接御道,北衔神道,穿东西乳峰中间,与自然山势融为一体,为乾陵平添了一处靓丽景观。

北宋皇陵位于河南郑州巩义市。除徽、钦二帝被金兵掳去死于黑龙江五国城外,其余七位皇帝及赵匡胤之父均葬于巩义,通称"七帝八陵"。《宋史》卷一百二十二《山陵》载,在北宋八陵中,永安陵的陵寝制度:"皇堂下深五十七尺,高三十九尺,陵台三层,正方,下层每面长九十尺。南神门至乳台,乳台至鹊台皆九十五步。乳台高二十五尺,鹊台增四尺。神墙高九尺五寸,环四百六十步,各置神门、角阙。"陵台为覆斗形,规定"下层每面长九十尺",按宋一尺等于 0.32 米计算,陵台边长为 28.8 米。所谓"陵台三层",是指陵台夯土层自下而上,内收两阶,加上顶部平面,总体呈三层台阶状。北宋之所以将帝陵陵台夯成"三层"形状,具有"山陵"寓意。而在陵台表面"涂丹",似为北宋帝陵所首创。

北宋帝陵陵园为正方形,边长 230 米。神墙四面正中各开一门,谓之神门。四门外各置石狮一对。除南神门的石狮为走姿外,其余三神门为蹲狮。同时还明确规定:亲王一品,坟高一丈八尺,墓地方九十步;三品官坟高一丈四尺,墓地方七十步。

南宋王朝共传九帝一百五十二年,前六帝葬于浙江绍兴皋埠镇牌口村攒宫山下,俗称"宋六陵"。

淳熙十四年(1187)十月,宋高宗驾崩,陵号"永思"。据周因《思陵录》记载:永思陵"上宫者为献殿三间,六椽,中间阔一丈六尺,两间各一丈二尺,其深三丈。后为龟头三间,中间阔一丈六尺,两间各五尺,其深二丈四尺,皇堂在焉"。"下宫之制,殿门三间,四椽,每间阔一丈四尺;深二丈。前后殿各三间,六椽,其深三丈,每间阔一丈四尺;东西两廊一十八间,四椽,其深一丈六尺,每间阔一丈一尺;殿门东西皆有挟屋一间,六椽,各阔一丈六尺,其深三丈,又有棂星门、神游亭、换衣厅。"南宋帝王墓均为暂厝,而非正式埋葬,诸陵有皇堂之名,而无玄宫之实,只是将棺材安置于比较浅的墓穴里。南宋诸后攒宫与帝攒宫相同,只是规制较小。如,显仁皇后韦氏的石藏里明长一丈四尺八寸八分,阔一丈三寸,深九尺。庆元三年(1197),宪圣慈烈皇后吴氏薨后,依高宗皇帝石藏里明长一丈六尺二寸,阔一丈六寸,深九尺。

帝陵、后陵及下宫统称"兆域"。在兆域四周,广植苍松翠柏。

第六章　帝陵随葬

早在原始社会,就有在死者身旁随葬实物的习俗。新石器时代,普遍葬以陶制器皿,谓之"明器",又称"冥器"、"盟器"。《礼记·檀弓下》云:"其曰明器,神明之也。涂车刍灵,自古有之,明器之道也。"除此之外,在男性墓葬中多有石斧、石刀、石铲之类。在女性墓葬中多有石纺车之类。荀子《礼论》云:"丧礼者,以生者饰死者也,大象其生以送其死也。故事死如生,视亡如存,始终一也。"唐朝对于明器使用规定:三品以上官吏,可用明器九十事;五品以上官吏,可用明器六十事;九品以上官吏,可用明器石四十事;庶民可用明器十五事。

第一节　夏商周时期

夏朝自禹至桀,历十四代十七王四百余年。商朝是一个祭政一体的国家,自汤至纣,历十七代三十一王六百余年。周朝是继夏商之后的第三个,也是最后一个世袭奴隶制王朝,传三十代三十七王七百九十一年。周朝又分西周与东周。西周由周武王姬发创建,定都镐京(今属西安长安区)。周平王姬宜臼元年(前770)东迁,定都雒邑(今属河南洛阳)。其中东周又分为春秋时期和战国时期。

夏商周奉行隆丧厚葬,王室及贵族墓葬中的随葬品种类繁多,包括青铜器、玉器、漆器及骨角器等。青铜器有死者生前使用过的酒器、食器、车马器及兵器等。在食器中,鼎和簋居多,这与这两种食器在生活中占重要位置有关。《周礼·亨人》谓"掌共鼎镬"。《孔子家语·致思》云:"从车百乘,积粟万钟,累茵而坐,列鼎而食。"

列鼎而食,指王族、贵族生活上的奢侈。随着社会的发展,凡与"鼎"字沾边的,皆有美好之意,如:"鼎臣",犹朝廷重臣;"鼎族",犹显赫世族;"鼎贵"犹显赫尊贵之人;"鼎甲",一指豪族大姓,二指科举制度中第一甲之状元、榜眼、探花;"鼎力"指三方并峙;"鼎盛",谓兴盛之时;"鼎祚"犹国祚、国运等等。

夏商周以九鼎为国之重器,鼎在国在,国灭则鼎迁。簋,侈口,圆足,方座,或带盖。有无耳、两耳、四耳之分。原本用于盛放稻谷、高粱之类的器物,后被用于祭祀和燕享中。鼎和簋,都被称之为"礼器"。按照周朝礼制规定,天子用九鼎,诸侯用七鼎,卿大夫用五鼎,士用三鼎或一鼎。据《礼仪·聘礼》、《公食大夫》记载,九鼎所盛肉食有牛、羊、豕、鱼、腊、肤、鲜鱼、鲜腊、肠胃九种,称之为"大牢",或"太牢"。七鼎所盛肉食有牛、羊、豕、鱼、腊、肠胃、肤七种,亦谓"大牢"。五鼎所盛肉食有羊、豕、鱼、腊、肤五种,称之为"少牢",三鼎所盛肉食,《士丧礼》谓豕、鱼、腊,《有司彻》谓羊、豕、鱼,亦称"少牢"。一鼎所盛肉食为豕,即小猪。簋与鼎配合使用,鼎用奇数,簋用偶数,如,九鼎用八簋,七鼎用六簋,五鼎用四簋,三鼎用二簋。但从实际考古发掘出土的文物看,并没有如文献所记载的那样严格。

图25　国之重器——鼎

　　为了体现生前的排场,商周王室或贵族会在墓葬周边另设坑穴,用于埋葬车马,被称为"车马坑"。通常情况下,埋葬的数量视死者身份而定,如河南浚县西周晚期卫侯墓的车马坑殉马72匹,车12辆,堪称地下长龙。

　　商朝第二十三代王武丁的配偶妇好墓,坐落在河南安阳小屯村西北,亦称殷墟5号墓。1976年春,经中国科学院考古研究所发掘,该墓南北长5.6米,东西宽4米,深8米。墓上建有被甲骨卜辞称为"母辛宗"的享堂。墓内有二层台和腰坑。东、西两壁各有一长条形壁龛。葬具为木棺木椁。椁长5米，宽3.5米，高1.3米。妇好墓共出土青铜器、玉器、宝石器、象牙器、骨器、蚌器等不同材质的随葬品1928件，其中青铜器468件，以礼器和武器为主。礼器类有炊器、食器、酒器、水器等，多成对成组。以"妇好"铭文的鸮尊、盉、小方鼎各1对，成组的如圆鼎12件，每组6件，铜斗8件，每组4件。司母辛铭文的有大方鼎、四足觥各1对。其他铭文的，有成对的方壶、方尊、圆罍等，且多配有10觚、10爵。刻有铭文的铜礼器共190件，其中铸"妇好"铭文的有109件，占有铭文铜器的半数以上，且多大型重器和造型新颖别致的器物，如鸮尊、圈足觥，造型美观，花纹繁缛。三联甗、偶方彝等皆为首次问世。玉器750余件，有琮、璧、璜等礼器，有作仪仗用的戈、钺、矛等。骨角器560多件，另有海贝6800多枚，装饰品420多件，多佩戴玉饰和镶嵌玉饰，少数为观赏品。玉饰除玉石人外，尚有神话传说的龙、凤、怪鸟兽等，其余则为虎、熊、象、猴、鹿、马、牛、羊、兔、鹅、鹦鹉等，也有鱼、蛙和昆虫类。妇好墓葬对商朝后期的历史考古研究具有重要的学术价值。

图26　铜圈足觥　妇好墓出土

春秋战国时期,由于礼崩乐坏,对青铜器重要性的认识逐渐淡漠。但在实际考古中发现,战国早期,作为青铜器与乐器依然随葬在墓中。如1978年3月发掘的湖北随县(今湖北随州市)擂鼓墩战国早期曾侯乙墓。其墓穴开凿在红砾岩中,呈"卜"字形,为多边形岩坑竖穴木椁墓。无墓道,南北向。墓坑南北长16.5米,东西宽21米,深13米,面积为220平方米。墓中出土礼器、乐器、金器、玉器、漆器、兵器、车马器及竹简等15400余件,仅青铜器就多达6239件。其中编钟一套65口,是迄今发现的最完整、最宏大的一套青铜编钟。其中一口是战国楚昭王之子楚惠王熊章赠送的镈,称"楚王熊章镈钟"。该钟通高92.5厘米,重134.8公斤,腔体呈扁椭圆形,与另外六十四口钟最大的区别在于钟口平整,钟体顶部为蟠龙式复式钮,由上下两对蟠龙对称组成。上面一对蟠龙形状较小,引颈对衔,下面一对蟠龙形体较大,回首卷尾,形象惟妙惟肖,生动传神。钲部两侧以浅浮雕龙纹为衬,每一部分铸有五个圆泡形饰,圆泡凸面上亦浮雕龙纹。钲间铸有"佳(惟)王五十又六祀,返自西阳,楚王熊章,作曾侯乙宗彝,奠之于西阳,其永持用享"31字铭文,大意为:楚惠王五十六年(前433),曾侯乙薨的噩耗传来,楚惠王在西阳遥祭。楚惠王为了报答曾侯乙先祖的救父之恩,特意为他铸造了这口精美的镈钟,供其永享。

编钟分为八组,共三层,悬挂在铜木结构的钟架上。钟架全长10.79米,高2.73米,由六个佩剑的青铜武士和几根圆柱承托着。上中下三层编钟,形制各异。最下一层为十二口长乳甬钟和一口镈钟,分成两组悬挂,其中九口悬挂在倒趴着的虎形兽上面;中间一层三十三件,分三组悬挂,有短口甬钟一组十一件,无口甬钟一组十二件,长口甬钟一组十件;最上一层十九件,称"揭钟"。横向看,从左到右编钟依次增大;纵向看,由上而下依次增大。悬挂方式亦不相同,上层为插挂,以插销入钟钮;中层为钩挂,挂钩为框架钩和焊钩两种;下层环挂,挂钩分趴虎套环和双杆套环两种。

65口编钟的总重量达3.5吨,其中,最大者通长153.4厘米,重203.6公斤。在钟、架、钩上共有铭文3755字,内容为编号、记事、标音及乐律理论。甬钟刻有记事铭文,均为"曾侯乙乍时"五字,标明编钟为曾侯乙所拥有和享用。在曾侯乙墓中的青铜礼器中,有镬鼎二尊、升鼎九尊、饲鼎九尊、簋八件、簠四

图 27　编钟　曾侯乙墓出土

件、大尊缶一对、联座壶一对、冰鉴一对、尊盘两件及盥缶四件等。这些礼器
分别使用了浑铸、分铸、锡焊、铜焊、镶嵌、铆接、熔模等青铜器制作工艺。其
中的蟠螭纹青铜尊盘的透空附件系采用先进的失蜡法（失蜡法是一种古老的
铸造工艺，通常采用容易融化材料如黄蜡、动物油等制成器物的蜡模，再在蜡
模的表面浇淋泥浆，以形成泥壳，然后再在泥壳表面涂上耐火材料，使之硬化
做成铸型。然后烘烤模型，使蜡油充分融化流出，形成型腔，最后，再将金属
溶液浇入型腔，即可得到光洁精密的铸件）铸造，整个图案由十九种变体蟠螭
纹构成十种花纹单元，再按照一定的层次排列。此外，还有四龙曾徽、十六节
龙凤玉挂饰、鹿角立鹤、云纹金盏、金杯、金带钩，以及鼓、瑟、笙、排箫等大量
乐器。兵器有锐殳七件，晋殳十四件以及戟、戈、矛、弓、盾、甲胄、箭镞等，另
有漆器二百二十多件。其设计之巧，造型之奇，色彩之艳，纹饰之美，制作之
良以叹为观止形容都不为过。

第二节　秦汉时期

　　秦始皇陵是古代帝王陵寝厚葬的典范。陵园占地 56.25 平方公里，迄今
为止，已经发现各类陪葬墓、坑 600 多处，引发世界高度关注。

　　司马迁《史记》卷六《秦始皇本纪》载："始皇初即位，穿治郦山，及并天下，
天下徒送诣七十余万人，穿三泉，下铜而致椁，宫观百官，奇器珍怪徒臧满之。

令匠作机弩矢,有所穿近者辄射之。以水银为百川江河大海,机相灌输,上具天文,下具地理。以人鱼膏为烛,度不灭者久之。"当时,秦国约有两千多万人口,而能劳役者有二百余万,约占全国人口的十分之一。而参加修始皇陵和阿房宫者竟高达七十万,约占全国劳役者的三分之一。《汉旧议》云:始皇"使丞相李斯将天下刑人隶徒七十二万作陵,凿以章程"。七十二万刑人隶徒,这是何等的惊人!据传说,在骊山脚下,还筑有专门指挥出工干活的击鼓坪,从而也造成了诚如班固《汉书》卷二十四上《食货志》所载:"男子力耕不足粮饷,女子纺绩不足衣服。竭天下之资财以奉其政,犹未足以淡其欲也。海内愁怨,遂用溃畔。"班固《汉书》卷三十六《楚元王传》载:"秦始皇帝葬于骊山之阿,下锢三泉,上崇山坟,其高五十余丈,周回五里余;石椁为游馆,人膏为灯烛,水银为江海,黄金为凫雁。珍宝之臧,机械之变,棺椁之丽,宫馆之盛,不可胜原。又多杀官人,生薶工匠,计以万数。天下苦其役而反之,骊山之作未成,而周章百万之师至其下矣。项籍燔其宫室营宇,往者咸见发掘。其后牧儿亡羊,羊入其凿,牧者持火照求羊,失火烧其臧椁。自古至今,葬未有盛如始皇者也,数年之间,外被项籍之灾,内罹牧竖之祸,岂不哀哉!"

秦始皇陵始建于秦王政元年(前246),完工于秦二世二年(前208),历时38年。

地下军团——秦始皇兵马俑陪葬坑位于陵东1500米的西杨村南,由四个兵马俑坑组成,属于陶泥制成的兵马殉葬品,也是秦国正式废止人殉制度的佐证。先后有200多位外国元首和政府首脑参观访问,成为中国古代辉煌文明的一张金字名片,被誉为世界十大古墓稀世珍宝之一。

秦始皇兵马俑坑坐西向东,三坑呈"品"字形排列。俑坑是地下坑道式的土木结构建筑,坑深约5米,中间有土墙相隔。墙的两边排列木质立柱,柱上置横木,横木和土隔墙上密集地搭盖棚木,棚木上铺一层苇席,再覆盖黄土,从而构成坑顶,坑顶高出当时地表约2米。俑坑底部墁铺青砖。陶俑、陶马放进俑坑后,用立木封堵四周的门道,门道内用夯土填实,形成了一座封闭式的地下建筑。

在秦始皇陵外城以东及陵城以内,分布着大大小小的陪葬坑约二百余

图28　秦始皇一号从葬坑　陈雪华 摄

处,主要有兵马俑坑、石铠甲坑、铜车马坑、马厩坑、珍禽异兽坑,及百戏俑坑等。在马厩坑出土的陶器上刻有"大厩"、"中厩"、"小厩"、"左厩"、"右厩"等字样,以及高约0.70米的跪坐俑,神态自然,造型优美。

石铠甲坑位于秦始皇陵东南约200米处,平面呈长方形,东西长120米,南北宽128米,共清理出了石铠甲87领、石头盔43顶、石马缰3组、石胄43领,以及一些铠甲所用的青石片等。根据甲片特征,又刻分为鱼鳞甲、札甲和特大型甲。

动物坑位于秦始皇陵外城垣东北角约750米处。葬坑系土木结构,呈"甲"字形,主室南北长23.50米,东西宽10米,深度为6米。

从已发掘清理情况看,共有兵马俑坑四个:一号坑为右军,二号坑为左军,三号坑为指挥部,四号坑因时局发生动乱而没来得及建成。其中一号坑为坑道式土木建筑,东西长230米,南北宽62米,深4.50—6.50米,总面积14360平方米。在东西两端,各有斜坡门道五个。坑道内有十道宽2.5米的夯土隔墙,在隔墙之上驾着粗木梁,铺以芦席,上敷泥土。这是一个以步兵和车兵相结合的长方形兵阵,阵前有 210 个身着短褐、手持弓箭的武士俑,组成三列横队,阵中陶俑、陶马 6000 余件,战车 40 余乘。武士与战车之间,共列三十八路纵队,每路约 180 武士俑。目前已经出土陶俑 1087 件,木质战车 8 乘,陶马 32 匹。从 2009 年开始,经对兵马俑一号坑的第三次发掘,在 400 平方米的发掘面积中,已发现 200 余件陶俑,其中多件带有彩绘。二号坑位于一号坑东北 20 米处,平面呈"曲尺"形,东西长 124 米,南北宽 98 米,深约 5 米,总面积约 6000 平方米。此坑的军阵由弩兵阵、车兵阵、骑兵与车兵混合编阵及步兵与车兵混合编阵组成。在坑的东北角,是一个由立射俑和跪射俑组成的方形军阵。出土木车遗迹 11 乘,陶马 67 匹,陶质鞍马 29 匹,武士俑 224 件,以及一批青铜车马器和兵器。三号坑位于一号坑西北,平面呈"凹"字形,东西长 17.60 米,南北宽 21.40 米,深 5.20—5.40 米,面积 520 平方米。出土陶俑 68 件,陶马 4 匹,木质战车 1 乘(仅存残迹)及 30 余件青铜兵器。四号坑东西长 48 米,南北宽 96 米,深 4.80 米,面积 4680 平方米,有泥无俑。

从兵马俑身份上区分,主要是军吏及士兵两大类。军吏又有低级、中级、高级之别。一般士兵不戴冠,而军吏戴冠,普通军吏的冠与将军的冠又不相同,甚至铠甲也有区别。其中的兵俑包括步兵、骑兵、车兵三类。根据实战需要,不同兵种的武士装备各异。而坑中最多的是武士俑,绝大部分手执青铜兵器,有弓、弩、箭镞、铍、矛、戈、殳、剑、弯刀和钺等,身着铠甲,胸前有彩线挽成的结穗。有车士、立射俑、跪射俑等。军吏头戴长冠,数量多于武士。秦俑的脸型、身材、表情、眉毛、眼睛和年龄等都有着很大的差异。叶至善先生曾以词赞颂兵马俑:

> 秦王按剑,视山东险阻,膝如几席。叱咤雷霆军百万,势猛山崩河决。六国披靡,诸侯授首,四海归于一。寰区大定,功岱顶高勒。谁想赫赫军容,二千余载,再现骊山侧。阵列六千兵马俑,伍整行严神奕。摄甲执戈,顿蹄并辔,车向森严立。但鸣鼓,一时雕塑都活。

铜车马坑位于秦始皇陵封土西侧约 20 米处,坑平面呈"巾"字形,长和宽均为 55 米,总面积 3025 平方米,系土木建筑结构。两乘车出自同一木椁中,一前一后,均为单辕双轮四马。前车称立车、戎车或高车,通长 2.25 米,高 1.52 米,辕长 1.83 米,舆广 0.74 米,进深 0.485 米,重 1061 公斤。驭手站立舆内,舆内立伞。后车通长 317 厘米,高 106.2 厘米,平面呈"凸"字形,重 1241 公斤,四周立有箱板,左、右、前方各开一窗,上覆鱼背形弓檩,弓檩上覆盖着椭圆形的拱形车盖。

图 29 秦始皇陵一号铜车马

此两乘铜车马结构极为复杂,以后面的车为例,大小零部件有 3462 件,其中包括金质装饰 737 件,银质装饰 983 件,最大部件是龟背形的车盖,长达 246 厘米,面积达 2.5 平方米。最小部件不足 0.5 平方厘米。马为最大的铸件,重达 230 公斤。最轻者为辔绳的销钉,不足 1 克。

兵马俑的制作工艺比较复杂,一般是按照人、马的不同部位分别用陶模翻出胎型,然后进行套合、粘接,再雕刻出五官、须发、铠甲等细部纹饰。

2000 年,始皇陵考古队在秦始皇陵封土周围探明了秦朝的地下深层排水系统。东段为阻水设施,西段为排水设施。这是很值得关注的一个方面。

汉朝崇奉厚葬,生不极养,死乃崇丧。王充《论衡》卷二十三《簿葬第六十七》云:"谓死如生,闵死独葬,魂孤无副,丘墓闭藏,谷物乏匮,故作偶人以侍尸枢。多藏食物,以歆精魂。"桓宽《盐铁论》卷六《散不足第二十九》云:"今富者绣墙题凑,中者梓棺楩椁,贫者画荒衣祍,缯囊缇橐……今生不能致其爱敬,死以奢侈相高,虽无哀戚之心,而厚葬重币者则称以为孝,显名立于世,光荣著于俗,故黎民相慕效,至于发屋卖业。"

西汉历十一帝二百三十一年,除文帝霸陵和宣帝杜陵坐落在长安城西南的渭水南岸外,其余九座帝陵均位于渭水北岸的咸阳原上。自东而西分别为:景帝阳陵、高祖长陵、惠帝安陵、哀帝义陵、元帝渭陵、平帝康陵、成帝延陵个、昭帝平陵及武帝茂陵,称"渭北九陵"。

霸陵是汉文帝刘恒的陵寝,坐落在汉长安城未央宫东南五十七公里白鹿原东北(今陕西西安市灞桥区),也是在我国历史上第一座凿穴为玄宫的帝陵。刘恒是汉高祖刘邦的第四子,生母薄姬。高后八年(前 180)八月初一,吕后驾崩,丞相陈平、太尉周勃及朱虚侯刘章等朝臣粉碎了吕氏宫廷政变,迎立刘恒为皇帝,是为文帝。汉文帝时代政治升平,人民生活安康,被称作"文景之治"。

薄太后南陵位于霸陵西南,西隔渭水遥望高祖长陵,故有"东望吾子,西望吾夫"之说。

在霸陵东北约 1000 米处,便是汉文帝的窦皇后陵园。陵冢位于陵园正中,残高 19 米,周长 564 米。在陵园东侧发现从葬坑多座,出土有彩绘陶俑、陶罐及马、牛、羊骨骼。

文帝即位之初,便开始营建霸陵,诏令:"治霸陵,皆以瓦器,不得以金银铜锡为饰,不治坟,欲为省,毋烦民。"但实际上,文帝仍然将全国三分之一的财政收入用以修陵。据《史记》卷一百二《张释之列传》载,文帝曾与慎夫人在群臣的簇拥下,登临霸陵北侧的霸水极目远眺。文帝命慎夫人鼓瑟,文帝和瑟而歌,惨凄悲怀,然后对群臣说,当朕百年之后,就以这里的石头为椁,并用纻麻、棉絮塞缝,再灌以生漆。左右随声应答:"好。"其实,文帝之所以因山为陵,主要目的是防止陵墓被盗。

王充《论衡》卷二十一《死伪第六十三》载:"亡新改葬元帝傅后,发其棺,取玉柙印玺,送定陶,以民礼葬之。发棺时,臭憧于天,洛阳丞临棺,闻臭而死。又改葬定陶共王丁后,火从藏中出,烧杀吏士数百人。夫改葬礼卑,又损夺珍物,二恨怨,故为臭出火,以中伤人。"亡新:王莽新朝灭亡后,后人对其的贬称。元帝傅后:汉元帝的妃子,汉哀帝的祖母。元始五年,王莽执政,以薄礼改葬傅太后和哀帝之母丁后。玉柙:玉制的匣子。印玺:指傅太后的印。定陶:古县名,在今山东定陶西北,汉成帝徙封其异母兄弟刘康于此。哀帝是汉成帝的侄子,因成帝无子,他被推举为帝。他的父亲刘康原封为定陶共王,为傅太后亲生。傅太后原来跟着儿子住在定陶,哀帝继位后才迁居京城,死后与元帝合葬。意思是说:王莽新朝改葬汉元帝傅后,打开她的棺材,取出玉柙印玺,送回定陶,用埋葬一般百姓的礼节埋葬她。打开棺材时,臭气冲天,洛阳丞靠近棺材,竟被臭气熏死。又改葬定陶共王丁后,烈火从墓穴中冲出,烧死吏士几百人。改葬用卑下的礼节,又毁坏、夺取珍贵之物,使傅后和丁后怨恨,所以放出臭气、冲出烈火,以报复开棺的人。尤其是亲临开棺现场的洛阳丞"闻臭而死",便是对当时统治者崇尚厚葬的莫大讽刺。

刘胜,汉景帝刘启庶子,汉武帝刘彻异母之兄。前元三年(前154),受封中山王。刘胜喜好酒色,生有120多个子女。元鼎四年(前113)二月病逝,在王位43年,谥靖,史称"中山靖王"。中山靖王刘胜及其妻窦绾墓位于河北保定城西北的满城区陵山,坐西向东。刘胜墓长约51.7米,最宽处约37.5米,最高处约6.8米,空间约2700立方米。窦绾墓位于刘胜墓之北,墓室建筑规模之大、气魄之宏伟、开凿之工整,均超过刘胜墓。两墓平面布局则大同小异。窦绾墓全长49.7米,最宽处65米,最高处7.9米,空间达3000立方米。外口在两道砖墙之间灌以铁水封闭,比刘胜墓更为坚固严密。其库房和车马房亦比刘胜墓大。两墓随葬品豪华奢侈,共出土金器、银器、铜器、铁器、玉器、石器、陶器、漆器、丝织品等随葬物品一万余件,其中包括"金缕玉衣"、"长信宫灯"、"错金博山炉"及"朱雀衔环杯"等珍贵器物,曾赴欧、亚、美等三十多个国家和地区展出,备受中外人士的赞誉。

图30　长信宫灯　中山靖王墓出土

刘胜嗜酒,在其墓室中就放置了几十口盛满酒的大陶缸。据初步估算,贮存量当在5吨左右。

东汉建武时期,光武帝刘秀曾下诏:"世以厚葬为德,薄葬为鄙,至于富贵奢僭,贫者单(殚)财,法令不能禁,礼义不能正,仓促乃知其咎。其布告天下,令知忠臣孝子、慈兄悌弟薄葬送终之义。"诚如桓宽《盐铁论》卷六《散不足》所言:"富者绣墙题凑,中者梓棺楩椁。"据王充《论衡》卷二十三《薄葬第六十七》:东汉时期,普遍"重死不顾生,竭财以事神,空加以送终"。汉武帝建元二年(前139),朝廷征募工匠三千余人,徭役万余人,在槐里县(今陕西省兴平市)茂乡营建茂陵,至后元二年(前87年)竣工,历时五十三年。

《后汉书》之《礼仪下》引《旧汉议》注:茂陵"其设四通羡门,容大车六马,皆藏之内方，外陟车石。外方立，先闭剑户，户设夜龙、莫邪剑、伏弩，设伏火。"《晋书》卷六十《索綝传》记载："时三秦人尹桓、解武等数千家，盗发汉霸、杜二陵，多获珍宝。帝问綝曰：'汉陵中物何乃多邪？'綝对曰：'汉天子即位一年而为陵，天下贡赋三分之，一供宗庙，一供宾客，一充山陵。'"就是说，汉武帝即位一年后，动用全国赋税总额的三分之一作为建陵和征集随葬物品的费用。建陵时曾从各地征调建筑工匠、艺人 3000 余人。我们知道，汉武帝在位五十四年，也就是说，为他建造茂陵就得耗费汉朝鼎盛时期的十八年赋税，令人惊讶！后元二年（前 87），汉武帝驾崩，入殓未央宫前殿。在茂陵陵墓中"多藏金银财物，鸟兽鱼鳖牛马虎豹生禽，凡百千什物，尽瘗藏之"。墓中物品珍玩已经多到"不容复物"的地步。

玉是一种灵石，质细坚硬有光泽，具有驱邪避凶的作用。《礼记·曲礼》云："君子无故，玉不去身。"疏："玉谓佩也"。东汉许慎《说文》称："玉，石之美者。有五德：润泽以温，仁之方也；理自外，可以知中，义之方也；其声舒扬尊以远闻，智之方也；不折不挠，勇之方也；锐廉而不忮，洁之方也。"

葛洪《西京杂记》卷一载："汉帝送死皆珠襦玉匣，匣形如铠甲，连以金缕。"梓宫内的武帝口含蝉玉，身着金缕玉匣。"匣上皆镂为蛟龙鸾凤龟麟之象，世谓为蛟龙玉匣。"玉匣，亦称"玉柙"，或"玉衣"。殓葬用玉，是由春秋战国时期在死者面部覆盖缀玉面罩和在身上穿着缀玉衣服演变而来。汉朝皇帝或贵族玉衣裹尸，主要用于保护尸体不腐烂。刘昭《续汉书·礼仪志》载：由于等级的不同，玉衣则有金缕、银缕和铜缕之分。依照汉朝规制，金缕玉衣系用金丝编缀，为皇帝专用；银缕玉衣系用银丝编缀，为诸侯王、列侯、始封贵人及公主所用；铜缕玉衣系用铜丝编缀，为大贵人、长公主及高级贵族使用。又《汉仪注》载，珠襦"以珠为襦，如铠状，连缝之，以黄金为缕。要（腰）已（以）下玉为札，长一尺，（广）二寸半，为柙，下至足，亦缝以黄金缕。"意思是说，在腰部以下的玉衣，要用长一尺、宽二寸半的玉札来编缀。但从实际出土的玉衣看，并没有发现这种尺寸的玉片。据考古发掘，汉武帝的玉衣全长 1.88 米，由 2498 块大小玉片组成，耗费金丝达 1100 克。甚至连同外国馈赠的玉箱、玉杖，以及生前所读经书三十卷，悉数盛入金箱，一并葬之。中山靖王刘胜玉衣长 1.88 米,由 2498 块玉片串成;窦绾玉衣长 1.72 米,由 2161 块玉片串成。刘胜玉衣所用金丝共 1100 克,窦绾玉衣所用金丝共 700 克。

图 31　金缕玉衣

汉朝人坚信玉能保护尸体不朽,故在墓葬中置放专门制作的玉器,称之为"葬玉",使用不同,则名称各异:

玉含,指在死者口中所放的珠玉。"口含玉石,欲化不得。"汉朝玉含多取形于蝉的形象,寓意死者的复活。帝王驾崩后,玉含当然就是珠玉。

玉握,指死者手中所握璜形无孔玉器。西汉时期,是两根小玉棍。进入东汉以后,演变成为一对玉猪,并代有相沿。

玉塞,用来塞闭死者的口窍,据说是为了防止精气从尸体中飘逸出来而到处游荡。如果全套备齐就是九件,谓之"九窍塞",即耳塞、口塞、鼻塞、肛门塞共六件,眼盖、生殖器盖等共三件。

汉文帝倡导薄葬,在修造霸陵时曾下诏,随葬品不得用金、银、铜、锡为饰,只能使用瓦器,也就是陶器。但建兴年间,霸陵被盗发,盗墓者仍从墓中"多获珍宝"。

综合考古发掘资料,在长沙马王堆一号汉墓中,除了颜色鲜艳、质地精美的绢、纱、锦、罗、绮及刺绣品外,还发现了诸多食物,作物类有小麦、稻谷、大豆、赤豆、粟、黍等;瓜果类有杨梅、甜瓜、梨、枣等;蔬菜类有芥菜、苋菜、藕、笋等;畜类有牛、羊、猪、狗、鹿、兔等;禽类有鸡、鸭、鹤、鹅、鹊、雁、鹧鸪、鹌鹑、斑鸠等;调味品类有盐、酱、蜜、糖等;另有鱼类若干。

在西汉中期的墓葬中，青铜器，特别是青铜礼器的数量明显减少，即便是王侯一级的墓中，也不超过全部随葬品的一半，甚至仅达到全部随葬器物的三分之一。而仿制铜器的陶质礼器在随葬品中的数量明显增加。到了西汉晚期，则完全以俑代替，另外，还出现了陶船器物。

西汉王朝一改先秦时期"天子七日而殡，七月而葬"的丧葬制度，开创了地方官吏为皇帝大行素缟致哀制度。罗开玉《丧葬与中国文化》载，文帝驾崩后七日而葬，武帝十日而葬，章帝十二日而葬。

第三节　两晋时期

东晋是一个动荡不安的时代，政权内部四分五裂，且与五胡十六国并存。东晋自元帝司马睿至恭帝司马德文，历十一帝一百零三年。据唐人许嵩《建康实录》卷八《穆皇帝》记载："晋十一帝有十陵，元、明、成、哀四陵在鸡笼山之阳，阴葬不起坟。康、简文、武、安、恭五陵在钟山之阳，亦不起坟。唯孝宗一陵在幕府山，起坟也。"六朝时期的鸡笼山主峰，又称北极阁，位于今江苏南京市鼓楼东侧，东连九华山，西接鼓楼岗，北近玄武湖，为紫金山延伸入城余脉。春秋战国时期，以其山势浑圆，形似鸡笼而得名。南朝齐武帝到钟山射雉，至此闻鸡鸣，故改鸡笼山为鸡鸣山。南陈后主陈叔宝，曾于鸡笼山大造殿宇，用香木做梁柱门窗，清风吹过，香飘数里。他与宠妃张丽华、孔贵嫔终日在此寻欢作乐。祯明三年（589），隋军入城，陈后主无处可逃，带张、孔两嫔妃躲进井内，终被隋军所获。三人从井内爬出时，脂粉淋漓，沾满井栏。后以帛拭之，其石有胭脂痕，所以此井被称为"胭脂井"，又名"辱井"。元人陈孚《胭脂井》诗云："泪痕滴透绿苔香，回首宫中已夕阳。万里河山天不管，只留一井属君王。"哀婉之意溢于言表。明初设观象台于山上，又名钦天山。清初，在山上重建北极阁后，民间俗称北极阁。

幕府山是一座丘陵山脉，位于长江南岸，西起上元门，东至燕子矶，长约5500米，宽约800米，主峰高190米，横贯南京市鼓楼和栖霞两区。

钟山，亦称蒋山，即今南京东郊紫金山，"江南四大名山"之一。其间，山、水、城、林浑然一体，自然景观丰富优美，文化底蕴博大深厚。钟山有诸峰，第三峰部分今称富贵山,朱元璋明孝陵建造其上。钟山三大核心景区分布着各类名胜古迹 200 多处。

1972 年 4 月,南京博物院和南京大学历史系考古组在南京大学北园的鼓楼岗南坡发掘清理了一座东晋大墓。墓葬由墓门、甬道、主墓室及右侧室组成,墓葬东西长 9.9 米,南北宽 8.04 米,甬道设门槽两道,极为罕见。而将有两道门槽的墓葬推定为帝陵,是目前六朝考古学研究中的通识。

北园主墓室平面呈方形,东西长 4 米,南北宽 4.4 米。穹窿顶已经坍塌。在主墓室后偏西位置的墓室地面用长方形砖横列竖式砌成。墓室地面呈北高南低,便于排水。

在被毁坏的墓葬中,仍然出土了大量的随葬品:陶器 58 件,青瓷器 32 件,金银铜铁等金属器物 10 件。除此之外,还出土了非常珍贵而完整的缕金饰件一组,共 4 件:顶部起尖呈山形的蝉纹片 1 件,方形兽面纹片 1 件,对称的山字形片 2 件。在金饰件的背面,有漆纱痕迹,被专家确定为冠饰。尤其是蝉纹,参照《晋书》卷二十五《舆服志》的记载:"侍中、常侍则加金珰,附蝉为饰,插以貂毛,黄金为竿,侍中插左,常侍插右。"由此可见,汉晋唐时期,附蝉为汉侍中、常侍,唐散骑常的标志性冠饰。附蝉纹以金珰配以貂毛,合称"貂蝉"。应劭《汉官》云:"说者以金取坚刚,百炼不耗。蝉居高饮露,口在腋下,貂内劲捍而外温润。"《晋书》卷二十五《舆服志》载,天子所戴通天冠,在冠前加"金博山颜"。"金博山颜",当为山形的缕金饰件。传为唐人阎立本所绘《历代帝王图》中,魏文帝曹丕、晋武帝司马炎、隋文帝杨坚等冠前均有山形饰纹。

陶器类多为生活用具,有尊、盘、盆、勺、钵、壶、杯、榻、几、灯、龙首(装饰)、虎首(装饰)、帐座等。在青瓷器类中,有双耳壶、四耳壶、鸡首壶、盘、洗、熏、罐、杯、瓢、勺等。

1964 年冬,南京博物院根据南京太平门内富贵山南麓东段晋恭帝墓碣之西,清理发掘了一座东晋晚期大墓,通称"富贵山大墓"。墓室因山而建,距地面 9 米处开凿,墓坑南北长 35 米,东西宽 7.5 米,深 4.3—7 米不等。墓道前有排水沟,两者总长 87.5 米。封门墙呈弧形,由内向外垒砌,封门砖竖砌,甬道及墓室总长 10 米。甬道、墓室均为券顶,墓室呈长方形,南北长 7.06 米,东西宽 5.18 米,四壁砌砖,左右壁平直,后壁外弧。该墓出土随葬物 71 件,其中铜器 27 件,陶器 18 件,青瓷器 17 件,陶俑 4 件。陶俑为持盾武士形象,一种圆脸,方耳,足蹬尖靴,通高 52.8 厘米;一种长脸,细颈,足蹬圆头靴,通高 50.2 厘米。另外,还出土了饰以龙首、虎首的陶帐座 4 件。参照《建康实录》卷十所记载,恭帝"葬冲平陵,在蒋山之阳,安帝同处"。推测当为晋恭帝司马德文的冲平陵,但也不排除是安帝司马德宗的休平陵。

康帝司马岳驾崩,墓葬中欲用宝剑及金舄二物,后被人视为有违祖法,遂弃之不用。据《晋书·江逌传》记载,穆帝司马聃驾崩,拟用宝器随葬,朝臣江逌进谏:"宣皇顾命终制,山陵不设明器,以贻后则。景帝奉遵遗制。逮文明皇后崩,武皇帝亦承前制,无所施设,惟脯糒之奠,瓦器而已。昔康皇帝玄宫始用宝剑、金舄,此盖太妃罔已之情,实违先旨累世之法。今外欲以为故事,臣请述先旨,停此二物。"事终依江逌所谏而行,真乃臣直君明。

万山磅礴看主峰。上梁端,下梁正。士大夫纷纷自为终制,遗命薄葬,从此形成一股良好的社会风气。《晋书》卷三十三《王祥列传》载,年已八十五高龄的王祥于病情好转后,著遗令训子孙曰:

> ……气绝但洗手足,不须沐浴,勿缠尸,皆浣故衣,随时所服。所赐山玄玉佩、卫氏玉玦、绶笥皆勿以敛。西芒上土自坚贞,勿用甓石,勿起坟陇。穿深二丈,椁取容棺。勿作前堂、布几筵、置书箱镜奁之具,棺前但可施床榻而已。糒、脯各一盘,玄酒一杯,为朝夕奠。家人大小不须送丧,大小祥乃设特牲。无违余命!

王祥是三国曹魏及西晋大臣,书圣王羲之的族曾祖父,他卧冰求鲤,侍奉后母,以"孝"著称,为"二十四孝"之一。他意思是说:当我咽气以后,只洗洗手和脚就行了,不烦劳你们濯发洗身,不要用绸布缠包尸体,把我的旧衣服都洗一下,将平时所穿的衣服给我穿上。皇上赐给我的山畜玉佩、卫氏玉器,系印的丝带和盛器都不要随葬。西芒山上土质本来坚硬而纯洁,不要再用什么砖石,不要堆起坟丘。墓穴深挖二丈,外棺只要能容纳内棺即可。不要设灵堂、摆宴席、安置书箱镜匣等器物,棺材前可放置床榻就行了。干饭、干肉等各置一盘,薄酒一杯,作为早晚祭奠的祭祀品。家里大小人口都不要为我送葬,一周年祭日和两周年祭日,再设牛猪等祭品。你们不要违背我的遗命!

泰始五年(269),王祥薨,武帝司马炎感其孝德和遗训,诏赐东园秘器,朝服一具,衣一袭,钱三十万,布帛百匹。

另外,《晋书》还分别记载了几位时人的终制。

西晋开国功臣、乐陵郡公石苞终制云:"自今死亡者,皆敛以时服,不得兼重。又不得含,为愚俗所为。又不得设床帐明器也。定窆之后,复土满坎,也不得起坟种树。"

学者杜预终制云:"……故遂表树开道,为一定之制。至时皆用洛水圆石,开隧道南向,仪制取法于郑大夫,欲以俭自完耳。棺器小敛之事,皆当称此。"

著名医学家皇甫谧《笃终论》所述其终制,尤为真切动人:

吾欲朝死夕葬,夕死朝葬,不设棺椁,不加缠敛,不修沐浴,不造新服,殡含之物,一皆绝之。吾本欲露形入坑,以身亲土,或恐人情染俗来久,顿革理难,今故觕粗为之制。奢不石椁,俭不露形。气绝之后,便即时服,幅巾故衣,以籧除裹尸,麻约二头,置尸床上。择不毛之地,穿坑深十尺,长一丈五尺,广六尺,坑讫,举床就坑,去床下尸。平生之物,皆无自随,唯赍《孝经》一卷,示不忘孝道。籧除之外,便以亲土。土与地平,还其故草,使生其上,无种树木。削除,使生迹无处,自求不知。不见可欲,则奸不生心,终始无怵惕,千载不虑患。形骸与后土同体,魂爽与元气合灵,真笃爱之至也。若亡有前后,不得移袝。袝葬自周公来,非古制也。舜葬苍梧,二妃不从,以为一定,何必周礼。无问师工,无信卜筮,无拘俗言,无张神坐,无十五日朝夕上食。礼不墓祭,但月朔于家设席以祭,百日而止。临必昏明,不得以夜。制服常居,不得墓次,夫古不崇墓,智也。今之封树,愚也。若不从此,是戮尸地下,死而重伤。魂而有灵,则冤悲没世，长为恨鬼。王孙之子，可以为诚。死誓难违，幸无改焉。

晋武帝司马炎曾这样评论皇甫谧："男子皇甫谧沈静履素，守学好古，与流俗异趣。"

西晋时期，诸如宗室安平王司马孚、定策灭吴的开国元勋羊祜、侍中兼谏议大夫庾峻、凉州刺史张轨及"竹林七贤"之一刘伶等人皆纷纷遗命薄葬。

第四节 南朝时期

南朝，自宋高祖武皇帝刘裕建国，经萧齐、萧梁、陈，先后历经一百七十年。期间，曾出现过刘宋时期的"永嘉之治"。然而，刘宋立国仅六十年，传八帝。萧齐立国二十三年，传七帝。萧梁立国五十五年，传四帝。陈立国三十二年，传五帝。在这一百多年间，先后有二十四位皇帝即位，中间还时不时地加插着四王二侯的轮番上阵执掌朝政。除宋文帝刘义隆在位三十年，梁武帝萧衍在位四十七年，陈宣帝陈顼在位十四年外，其余皇帝平均在位不足四年。由于政治上的特殊性，从而导致政局上的混乱，尤其是宗室内部的相互残杀，往往使帝统常更，废帝频出，也就直接影响到帝陵的卜选。刘宋时期的帝陵分布在今南京市的四个区域：

（一）钟山，今南京东郊麒麟门外麒麟铺一带，有宋武帝刘裕的初宁陵和宋文帝刘义隆的长宁陵。（二）岩山，今南京江宁区境内，有宋孝武帝刘骏的宁陵。（三）坛西，今南京南郊牛首山附近，宋少帝刘义符、前废帝刘子业、后废帝刘昱葬此。（四）幕府山，今南京市北中央门外，宋明帝刘彧的高宁陵，以及明帝生母沈太后崇宁陵在此。宋孝武帝刘骏和宋明帝刘彧均为宋文帝之子，前者弑兄自立，荒淫无度。后者杀侄自立，尽戮宗室成员。萧齐时期，萧高帝萧道成泰安陵坐落在江苏丹阳胡桥狮子湾，齐武帝萧赜的景安陵坐落在丹阳市荆林乡前艾庙，齐明帝萧鸾的兴安陵坐落在丹阳市建山乡金家村，齐和帝萧宝融的恭安陵坐落在丹阳市胡桥乡吴家村，梁武帝萧衍的修陵及梁简文帝萧纲的庄陵均坐落在丹阳市荆林乡三城巷，陈武帝陈霸先的万安陵坐落在南京市江宁区上坊镇石马冲，陈文帝陈蒨的永宁陵坐落在南京市北郊北象山狮子冲,陈宣帝陈顼的显宁陵坐落在南京市西南郊区西善桥油坊村。

南朝盛行薄葬。据《南史》卷三二《张融传》载,南齐建武四年(497),司徒左长史、文学家、书法家张融遗命:"建白旐无旒,不设祭。令人捉麈尾登屋复魂,曰'吾生平所善,自当凌云一笑'。三千买棺,无制新衾。左手执《孝经》《老子》,右手执小品《法华经》。妾二人哀事毕,各遣还家。"

《南史》卷三五《顾宪之传》载,南朝梁武帝天监八年(509),太中大夫顾宪之临终敕其子曰:

> 夫出生入死,理均昼夜。生既不知所从,死亦安识所往?延陵云:"精气上归于天,骨肉下归于地,魂气则无所不之。"良有以也。虽复茫昧难征,要若非妄。百年之期,迅若驰隙,吾今预为终制,瞑目之后,念并遵行,勿违吾志也。庄周、濠台,达生者也;王孙、士安,矫俗者也。吾进不及达,退无所矫。常谓中都之制,允理惬情,衣周于身,示不违礼,棺周于衣,足以蔽臭。入棺之物,一无所须,载以輼车,覆以粗布,为使人勿恶也。汉明帝天子之尊,犹祭以杆水脯糗;范史云列士之高,亦奠以寒水干饭。况吾卑庸之人,其可不节衷也。丧易宁戚,自是亲亲之情,礼奢宁俭,差可得由吾意。不须常施灵筵,可止设香灯,使致哀者有凭耳。朔望祥忌,可权安小床,暂施几席,唯下素馔,勿用牲牢。

《南史》卷四九《刘歊传》载,梁武帝天监十八年(519),隐士刘歊遗言:

> 气绝不须复魂,盥漱而敛。以一千钱市成棺,单故裙衫,衣巾枕履。此外送往之具,棺中常物,一不得有所施。世多信李、彭之言,可谓惑矣。余以孔、释为师,差无此惑。敛讫,载以露车,归于旧山。随得一地,地足为坎,坎足容棺。不须砖甃,不劳封树,勿设祭馐,勿置几筵。其蒸尝继嗣,言象所绝,事止余身,无伤世教。

《南史》卷四九《刘杳传》载,南朝梁武帝大同二年(536),著名文学家、藏书家、目录学家刘杳临终遗命:"殓以法服,载以露车,还葬旧墓,随得一地,容棺而已,不得设灵筵及祭醊。"《南史》卷六九《姚察传》载,隋炀帝大业二年(606),著名历史学家、晋王侍读、北绛郡公姚察"遗命薄葬,以松板薄棺,才可容身,土周于棺而已。葬日,止鹿车即送厝旧茔北。不须立灵,置一小床,每日设清水,六斋日设斋食,菜果任家有无,不须别经营也"。

北齐著名文学家、教育家颜之推遗命:

> 一旦放臂,沐浴而已,不劳复魂,殓以常衣。先夫人弃背之时,属世荒馑,家涂空迫,兄弟幼弱,棺器率薄,藏内无砖。吾当松棺二寸,衣帽已外,一不得自随,床上唯施七星板;至如蜡弩牙、玉豚、锡人之属,并须停省,粮罂明器,故不得营,碑志旐旒,弥在言外。载以鳖甲车,衬土而下,平地无坟;若惧拜扫不知兆域,当筑一堵低墙于左右前后,随为私记耳。灵筵勿设枕几,朔望祥禫,唯下白粥清水干枣,不得有酒肉饼果之祭。亲友来馈酹者,一皆拒之。

第五节 隋唐时期

2013年4月10日,考古工作者在江苏扬州发掘出土了隋炀帝杨广墓,引起不小轰动,被评为2013年度全国十大考古新发现之一。

在扬州曹庄隋炀帝墓发现之前,全国标示的隋炀帝墓已有三处:一处在陕西武功县,一处在河南洛宁县,一处在扬州市雷塘,皆系伪托。

曹庄隋炀帝墓位于扬州市西湖镇司徒村曹庄蜀冈西峰,系帝、后同茔异穴合葬墓。墓葬平面近正方形,东西长49米,南北宽48米。共清理出土玉器、铜器、陶器、漆器等珍贵文物400件(套),其中不乏罕见之物,譬如,十三环蹀躞金玉带,由带扣、扣柄、孔銙及长形蛇铊尾等组成,共36块。鎏金铜辅首4件,直径约26厘米。另有灰陶持笏文官俑、武士俑、骑马俑等100多件。在萧后墓前室,出土铜编钟16件,铜编磬20件,另有玉璋1件、凤冠1顶、19足青釉辟雍瓷砚1件,以及陶马、陶牛、陶羊、陶猪、陶鸡、陶骆驼、双人首蛇身俑、文官俑、武士俑等 100 余件。

唐朝盛行厚葬，特别是帝王陵墓，须置"千味食品，万般器用"。唐末及五代时期，耀州节度使温韬带兵盗掘昭陵，发现其随葬品之丰厚，不异于人间。乾陵在中国历史上曾遭遇数次盗掘，但终因其"坚固异常"得以保全。截至目前，也没被考古发掘。有关地宫中的随葬品，看到各种估算，有说随葬金银器用逾五百吨，这种说法显然出奇地离谱。不过可以肯定，乾陵随葬品在关中唐十八陵中应该是很丰厚的。

传说《垂拱集》是武则天仿王羲之行书书写而成，一百卷。内容分两大部分：一部分记叙她如何从一位才女到昭仪、到皇后，到登上皇帝宝座的过程，算是她宫廷生活的日记；另一部分是她治国方略和经验的总结。据说，武则天临终前，曾遗嘱李显，要把她的《垂拱集》作为陪葬品埋入乾陵。除此之外，据说还有李世民诏命阎立本为武则天画的像，以及上官婉儿手迹等等。这些也只能留待以后揭晓了。

《旧唐书》卷十六《穆宗本纪》载：元和十五年（820）正月，宪宗驾崩，皇太子李恒即位，是为穆宗。五月十一日，穆宗诏令："入景陵玄宫合供千味食，鱼肉肥鲜，恐致熏秽，宜令尚药局以香药代食。"

玄宗朝关于明器的使用，开元二十年（732）颁布《开元礼》：规定三品以上，明器九十事，共五十舁；五品以上，明器六十事，共三十舁；九品以上，明器四十事，共十舁。以上，明器皆以瓦木为之，四神高度不得过尺，其余不得超过七寸。庶人明器十五事，所造明器，只准以素瓦为之，高度不得超过七寸。玄宗开元二十九年（741）、宪宗元和六年（811）、武宗会昌元年（841）又在明器数量及高度方面进行了新的规定。以会昌元年（841）为例，三品以上，明器一百事；五品以上，明器七十事；九品以上，明器五十事；庶人明器二十五事。关于四神的高度，三品以上不得超过一尺五寸；五品以上不得超过一尺二寸；九品以上不得超过一尺；庶人不得超过七寸。

《旧唐书》卷九十五《睿宗诸子列传》载：开元二十九年（741）十一月二十四日，睿宗李旦嫡长子、宁王李宪病卒，玄宗李隆基诏令陪葬桥陵之侧。圹内终送之物"尚食所料水陆等味，一千余种，每色瓶盛，安于藏内，皆是非时瓜果及马、牛、驴、犊、獐、鹿等肉,并诸药酒三十余色"。并号其墓为惠陵。

在宪宗元和年间(806—820)之后的墓葬中,曾出土有另外的陪葬物品,如四川前蜀王建墓中放置棺椁的地方,出土了铁牛、铁猪各一对。唐人刘肃在《大唐新语》卷十三中写道:"平地之下,一丈二尺为土界,又一丈二尺为水界,各有龙守之。土龙六年而一暴,水龙十二年为一暴,当其隧者,神道不安,故深二丈四尺下,可设窀穸……铸铁为牛豕之状像,可以御二龙。"由此可见,墓内放置铁牛、铁猪正是用来镇墓辟邪的。

由于皇家的厚葬之风相继蔓延,致使京官,甚至外官竞相效仿。代宗大历十年(775)冬十月,检校刑部尚书兼太子太保李光进母亲病卒,形成空前争相送礼的局面,"将相致祭者凡四十四幄,穷极奢靡。城内士庶,观者如堵"。《旧唐书》载,太极元年(712),左司郎中唐绍向中宗皇帝上疏称:

> 臣闻王公已下送终明器等物,具标甲令,品秩高下,各有节文。近者王公百官,竞为厚葬。偶人像马,雕饰如生。徒以炫耀路人,本不因心致礼。更相扇慕,破产倾资。风俗流行,下兼士庶。若无禁制,奢侈日增。望诸王公已下送葬明器,皆依令式。并陈于墓所,木得衢路行。

高宗针对厚葬之风日渐盛行,下令对越礼厚葬者一律"严加捉搦"。开元二年(714)九月三十日,玄宗下制:

> 自古帝王皆以厚葬为戒,以其无益亡者,有损生业故也。近代以来,共行奢靡,递相仿效,浸成风俗,既竭家产,多至凋散。然则魂魄归天,明精诚之已远;卜宅于地,盖思慕之所存。古者不封,未为非达。且墓为真宅,自便有房,今乃别造田园,名为下帐,又冥器等物,皆竞骄侈。失礼违令,殊非所宜;戮尸暴骸,实由于此。承前虽有约束,所司曾不申明,丧葬之家,无所依准。宜令所司据品令高下,明为节制:冥器等物,仍定色数及长短大小;园宅下帐,并宜禁

绝;坟墓茔域,务遵简俭;凡诸送终之具,并不得以金银为饰。如有违者,先决杖一百。州县长官不能举察,并贬授远官。

第六节　宋元时期

北宋提倡薄葬,据《历代名臣奏议》卷一二三《丧礼》载,除太祖赵匡胤及太宗赵光义是"国家山陵送往,俭于前代"外,后代皇帝便不守祖规,致使厚葬之风逐渐蔓延。仁宗幼子豫王亡故,仁宗赵祯诏令厚葬。当时有数十万役工"盛夏起坟,凿土穿山",所费资财高达五十万缗(按:"缗"为货币计量单位,通常以一千文为一缗)左右,甚至弄得"三司力屈,百计收敛"。张贵妃亡故,仁宗更是"役万兵之众,费百万之财。"嘉祐六年(1061)九月,董充媛亡故。宠妃离世,仁宗伤心至极,遂"崇大后宫之丧",其"送终之礼,太为崇重"。曾被誉为皇帝首席讲官的范祖禹曾亲眼看见葬仁宗入昭陵时的情景:"有缄皮匣纳之圹中者甚多,皆出入禁中。"由于仁宗厚葬过礼,最终致使"公私骚然"。

乾兴元年(1022)二月十九日,真宗赵恒于延庆殿驾崩,十月,葬永定陵。所用明器象物"非常侈大"。宋人尹洙《涛公行状》云其"自京城至陵墓,凡城门民舍挡道者一律撤毁,以过车舆象物"。元丰八年(1085)三月,神宗赵顼驾崩,葬永裕陵。永裕陵山陵崇大,"寝宫施以金珠"。

南北宋陵的随葬品及种类基本相同,但其中的十二神等明器由掌造金银犀玉工巧之物及彩绘装钿等器物的专门机构——文思院制造。从宋理宗赵昀永穆陵被盗情况看,理宗头枕七宝摩挲伏虎枕,口衔大颗夜明珠,脚旁置放穿云琴,棺材以马蹄金镇压,棺内两侧杂陈玉、璧、圭、琮、璋等,棺底铺金丝编织的"竹席",其上为什锦软垫。

元朝是蒙古人的天下,蒙古人在马背上得天下。元朝皇帝驾崩后,惯用潜埋之法。"国制不起坟垄,葬毕,以万马蹂之使平,弥望平衍,人莫知者。"据《黑鞑记略》载:"其墓无冢,以马践柔,是平如平地。"据清人孙承泽《春明梦余录》卷七十《陵园》载:

元人无陵,遇大丧,棺用楠木两片,凿空其中,类人形大小,合为棺,置遗体其中。殓用皮袄、皮帽、靴、袜,系腰,盆盂俱用白粉皮为之。殉以金壶瓶二,盏一,碗、碟、匙、箸各一,殓讫,用黄金为箍,四条以束之,送至直北园寝之所,深埋之,用万马蹴平,候草青方已,使同平坡,不可复识。

又据叶子奇《草木子》记载,蒙古皇帝死后,用两片楦木,分别在中间凿出人体形状,然后将尸体放入合上。然后将楦木人形棺材涂漆,用金绳捆绑三圈,送到克鲁伦河与土拉河上游的肯特山中,再挖坑埋入。墓葬不起坟丘,葬毕,再以马匹将地表踏平,派人守卫,再在墓上宰杀一只小骆驼。等到来年春天,当墓地上长满青草时,即可撤去守墓人马。想到墓地祭祀的时候,则以被宰杀的那头小骆驼的母亲为向导,如果老骆驼在某一地点踯躅悲鸣,则此处即为墓葬所在。

图 32　成吉思汗陵

成吉思汗陵寝位于内蒙古伊金霍洛(蒙语"帝王陵墓"之意)旗干德利草原。公元 1227 年成吉思汗驾崩于征途。1956 年,正式建立成吉思汗陵。陵园建筑面积为 55000 平方米,主体有三座相连接的陵宫组成。正殿高 26 米,在白色的墙体上,拱立着蒙古包式的穹庐顶,顶端用以黄白色琉璃瓦镶砌出吉祥图案。东西殿均高18米。在正殿的中央,立有一尊5米高的成吉思汗的坐像。后殿分别供奉着成吉思汗及其三位夫人与两位胞弟的灵柩。在东殿则供奉着成吉思汗第四子的灵柩。在东西长廊的两侧,则是成吉思汗征战生涯的大型壁画。

按照蒙古习俗,成吉思汗死后所进行的也是秘葬。起初,蒙古人将成吉思汗生前使用过的宫帐安放在阿尔泰山与肯特山之间的高原之上,并建了八座白色毡帐,人称"八白室"。元朝灭亡后,几经迁移,清顺治六年(1649)才在伊金霍洛旗安定下来。

元太祖成吉思汗之孙、元宪宗孛儿只斤·蒙哥,1259年死于合州(今四川合川县)东钓鱼山下,诸王用毛驴车将其尸体运回漠北安葬。为了保密,沿途凡见人辄杀,被杀的无辜者竟达二万余人。

第七节　明清时期

在明十三陵中,神宗朱翊钧定陵是唯一一座被发掘的帝王陵墓。1955年10月15日,时任中国科学院院长郭沫若、文化部部长沈雁冰、北京市副市长吴晗、人民日报社社长邓拓、中国科学院第三历史研究所所长范文澜及全国人大常务委员会副秘书长张苏等联名上书国务院总理周恩来,建议发掘明长陵。在发掘明长陵之前,决定先对定陵进行试掘。当时商议的结果是,如果定陵不能顺利试掘,则对献陵试掘。翌年5月,试掘工作陆续展开。1957年6月17日,国务院下发通知,根据吴晗的意见,决定增加郭沫若、沈雁冰、张苏、齐燕铭、范文澜、邓拓、郑振铎七人为发掘委员会委员。截至1958年7月,清理工作基本结束,历时两年零两个月。

考古资料表明:定陵玄宫由前、中、后、左、右石结构殿堂组成,并设三条隧道,即所谓的"五室三隧"。总面积达1195平方米。玄宫五室采用"九重法宫"形式格局。平面布局分前、中、后三大殿,前、中二殿以石门相隔,前、中殿均高7.2米,宽6米,长58米,中间以长方形甬道相连。门上纵横9排81枚乳头状门钉,中殿两侧辟有甬道及石门,可通向左、右配殿。配殿西墙为后殿入口处。地宫均为石拱券。中殿有三个汉白玉石宝座（灵座），宝座成品字形面东放置。中间大，两边小。座前各有一座黄色琉璃五供。五供前设青花云龙纹大瓷缸各一口，缸内装备香油，是为长明灯。左、右配殿形制相同，在汉白玉镶边的棺床上空空如也。后殿又称玄堂，长31米，宽9.1米，高9.5米，地面为磨光花斑石。汉白玉垒成的棺床上置放着三口朱漆棺椁。中间是神宗朱翊钧的灵柩，左、右两边分别是孝端和孝靖皇后。周围有26只陪葬箱子、玉石和青花瓷瓶等。

在定陵墓葬中，既有冠戴、首饰、袍服、枕被及爵、盂、盆、碗外，又有谥宝、谥册、铭旌、仪仗等。器物有金、银、玉、瓷等，袍服有绸、缎、绢、纱、罗、布等。以神宗的翼善冠为例，纯金工艺打造，高24厘米，直径17.5厘米，重826克，分前屋、后山、金折角（俗称纱帽翅）三部分。其中前屋的灯笼空花纹由518根0.2毫米细的金丝编织而成，无断丝，无接头，疏密一致。后山的饰件为二龙戏珠图案，采用阳錾工艺雕刻，龙身、龙腿等部位采用传统的掐丝、垒丝及码丝工艺制作。鳞片则由金丝搓拧而成的花丝焊码成型。

图33 翼善冠 明定陵出土

再以两位皇后的冠戴为例，计有凤冠四顶，分别为十二龙九凤冠、九龙九凤冠、六龙三凤冠、三龙二凤冠。饰品为珍珠宝石。孝端皇后的六龙三凤冠，通高35.5厘米，冠底直径20厘米。龙系全金丝制作，凤系点翠工艺制成。冠顶饰三龙，正中一龙口衔珠宝滴，两侧龙向外作腾飞状，在其下面有由花丝工艺制作的如意云头，中层为三只翠凤。其余三龙则装饰在冠后中间部位。冠的下层饰有大小不等的珠花，花心镶嵌红蓝宝石，周围衬以翠云翠叶。冠背左右各有博鬓三扇，每扇均饰一金龙，整冠镶嵌宝石128颗，其中红宝石71颗，蓝宝石57颗，珍珠5449颗。

图34　十二龙九凤冠　明定陵出土

神宗身上盖锦被，身下铺锦被及9层褥垫，其中一件褥垫上缀着17枚"吉祥如意"金钱。头戴乌纱翼善冠，身穿刺绣衮服，腰系玉带，下身穿黄素绫裤，足蹬红素缎高绣靴。另有各种衣料、布匹和服饰用品达600多件，尤以皇帝的缂丝十二章衮服龙袍和孝靖皇后的罗地洒线绣百子衣最为珍贵。

孝端皇后身上盖缎被，身下铺织金缎被及4层褥垫，其中一层褥垫上缀着100枚"消灾延寿"金钱。头戴黑纱尖形棕帽。上身穿绣龙方补黄绸夹衣，下身穿黄色缠枝莲花缎夹裤，足蹬黄缎鞋，腰间系着绣云龙纹长裙。

明定陵共出土各类器物3000多件，其中有金器、银器、玉器、珠宝、金冠、凤冠、衮服、冕旒、百子衣等，堪称明代皇陵规制的代表。定陵的发掘为明史研究提供了重要的实物资料。

乾隆的裕陵从乾隆八年(1743)开始修建,一直到他驾崩,先后花费了180万两白银。据清代档案记载,乾隆庞大的棺材内放置着各种珠玉宝石及金银器玩数百件,价值连城者当推乾隆脖子上那串由108颗珍珠串成的朝珠和身旁的那柄九龙宝剑。

同治十二年(1873),开始修建慈禧的定东陵,整个工程持续了将近10年。安放慈禧的棺材就经过了四十道工序,施以金饰和漆饰。根据当时随葬入棺珍宝记录,情况如下:棺底铺金丝镶珠宝锦褥,厚达七寸,镶满大小珍珠12064颗,红光宝石203块,在锦褥上又覆盖一条绣满荷花的丝褥,在其上面铺满了2400颗五分重得圆珠,在圆珠上又铺以曾绣佛串珠薄褥,褥张用二分珠1300粒。慈禧身着金丝绣礼服,外罩绣花串珠褂,仅此两件就用去大珍珠420颗,中珍珠1000颗,小珍珠4500粒,宝石1135块。慈禧周身缠绕着九链串珠,头戴珠冠,冠上嵌外国朝贡宝珠1颗,重四两,大如鸡蛋,价值白银10000两。慈禧头枕着一只翡翠西瓜,脚蹬碧玉大莲花,口含夜明珠。为了填补棺材内的空隙,又用了大珍珠500颗,中珍珠5500颗,小珍珠1000颗以及红宝石2200块。最后,又在慈禧的身上盖了一件网珠被,上嵌珠宝6000颗。

另据清内务府《孝钦后入检、送衣版、赏遗念衣服册》记载,光绪五年(1879)四月十六日,地宫修成之日,放入金花扁镯一对,绿玉福寿三多佩一件,上拴红碧瑶豆三件。光绪十二年(1886)三月二日,在地宫中安放红碧瑶镶子母绿别子一件,红黄碧瑶葫芦一件,东珠一颗,正珠一颗,红碧瑶长寿佩一件。光绪十六年(1890)二月二十九日,在地宫安放正珠手串一盘,红碧瑶佛头塔,绿玉双喜背云茄珠坠角,珊瑚宝盖、玉珊瑚杵各一件,绿玉结小正珠四颗。黄碧瑶葡萄鼠佩一件,上拴红碧瑶豆一件。红碧瑶葫芦蝠师一件,上拴绿玉玩器一件。绿玉佛手别子一件,上拴红碧瑶玩器一件。红碧瑶双喜佩一件,上拴绿玉一件。光绪二十八年(1902)三月十日,在地宫安放白玉灵芝天然小如意一柄,白玉透雕夔龙天干地支转心璧佩一件,红碧瑶一件。光绪三十四(1908)年十月十二日,在地宫安放金镶万寿执壶二件,共重一百九十七两七钱一分,上镶正珠四十颗,盖上镶正珠六十颗,米珠络缨一千零六十八颗，真石坠角。金镶珠石无疆执壶一件，共重九十一两六钱，上镶小红宝石二十二件，同年十月十五日，在地宫安放金佛一尊，镶嵌大小正珠、本珠六十一领。小正珠数珠一盘，共二百零八领。玉佛一尊。玉寿星一尊。正珠念珠一盘，计珠二百零八领，珊瑚佛头塔，绿玉福春三多背云，佛手、双坠角上栓绿玉遂蓬一件，珊期古钱八件，正珠二十二领。正珠念珠一盘，计珠二百零八领，红碧瑶佛头塔、钗金点草，镶大正珠，背云茄珠、大坠角珊瑚纪念蓝宝石，小登南上穿青石朴一件，小正珠四领，镀金宝盖，小金结六件。正珠念珠一盘，珊期佛头塔，背云烧红石金，纪念三挂，蓝宝石小坠角三件，加间小正珠三硕，珊瑚玩器三件，碧玉杆一件。雕珊期圆寿宇念珠一盘，计珠一百零八硕。雕绿玉团寿字佛头塔，荷遂背云，红碧瑶瓜展大坠南上拴白玉八宝一份，姗瑚豆十九个。珊期念珠一盘，碧玉佛头塔，背云红色，纪念三挂，红宝石小坠庸三件，催生石玩器三件。在慈禧生前，定东陵的地宫刚刚竣工时，许多珍贵的宝物即陆续送达地宫安放。其名目繁多，奢华之极，令人咋舌。直到慈禧入葬，地宫才得以最终封闭。

第七章　帝陵殉葬

殉葬,是指为追求死者的冥福,用器物、人牲或人殉的从葬。而"人殉"作为古代丧葬陋习,常常施以某种残忍手段致活人非正常死亡。人殉分自愿殉葬和强迫殉葬两种形式。

第一节　殷周时期

殷商是实行人牲、人殉的鼎盛时期。上至殷王统治阶层,下至四邻方国,竞相效尤。"人殉",被杀者多为墓主的近亲、近臣或近侍。而"人牲",是为祭祀祖先、神灵或自然万物而杀戮活人以为祭品,通常情况下,被杀者多为战俘、奴隶或仇人。

殷商时期盛行杀殉,在王墓墓底的正中都会挖有一坑,谓之腰坑,坑内殉葬人或狗。在古代人的观念中,狗不嫌贫爱富,忠诚可靠,为主人看守门户。事实上,也是一种以狗作为厌胜辟邪的方术。但也流行人殉,在甲骨卜辞里,杀人祭祀的记录比比皆是。据黄展岳《古代人牲人殉通论》记载:

> 就时代而论,甲骨文里有关人牲的卜辞,以殷武丁(前1339—前1281)时为最多,计有甲骨六百七十三片,卜辞一千零六条。祭用九千零二十一人,最多的一次用五百人。另有五百三十一条未计人数。其次是廪辛、康丁、武乙、文丁(前1240—前1210)时,计有甲骨四百四十三片,卜辞六百八十八条,祭用三千二百零五人,最多的一次用二百人,另有四百四十四条未计人数。再次是祖庚、祖甲(前1280—前1241)时,计有甲骨一百片,卜辞一百一十一条,祭用六百二十二人,最多的一次用五十人。另有五十七条未记人数。再其次是帝乙、帝辛(前1209—前1123)时,计有甲骨九十三片,卜辞一百一十七条,祭用一百零四人,最多的一次用三十人。另有五十六条未记人数。所载人牲最少的是武丁以前,即盘庚、小辛、小乙(前1395—前1340)时,计有甲骨四十一片,卜辞七十条,祭用一百人,最

多的一次用二十人。另有五十七条未记人数。总计从盘庚迁殷到帝辛亡国,在这八世、十二王、二百七十三年(前 1395—前 1123)间,共用人牲一万三千零五十二人,另有一千一百四十五条卜辞未记人数,如每条以一人计算,全部杀人祭祀至少当用一万四千一百九十七人。

1976 年,考古工作者在河南安阳武官村北的殷王陵区发掘了 191 个祭祀坑,据清理,此坑共殉葬 1178 人。据发掘现状推测,这些人并不是一次被杀戮后埋葬的,而是进行了很多次,最多的一次杀戮了 339 个奴隶。有的身首异处,有的被砍断上肢,有的被砍断下肢,有的被剁脚趾,有的被腰斩。为了防止被杀者反抗,死者在死前手足都被捆绑,多为青壮年男性,其杀戮手段令人发指,惨不忍睹。殷王陵区专门的祭祀场所位于安阳侯家庄西北岗东区,基本都是人头坑,亦称"人头葬"。排列状况是,10 坑成一排,每坑埋葬头颅 10 颗。河南安阳小屯村妇好墓内殉葬 16 人,其中 4 人位于椁顶上部的回填土中,2 人在东壁龛中,1 人在西壁龛中,1 人在腰坑中,8 人在椁内棺外。另外还殉狗 6 只,除 1 只在腰坑中外,余均埋在椁顶上部。

长口子墓为西周初期墓葬,位于河南鹿邑县东太清宫遗址之上。1997—1998 年发掘,墓坑为四级二层台,椁室平面呈"亞"字形,底长 8.1 米,宽 5.6 米,深 8 米。墓主仰身直肢。随葬品竟有 2000 多件,其中有铭文的共 50 件,其中铭"长口子"三字者为 32 件,由此可知,墓主是长口子,长是国名,口是私名,子是爵位。另外,还清理出牲人 1 具,殉人 13 具。为南北两条斜坡墓道的竖穴土坑木椁墓。全长 49.5 米,南墓道为主墓道,底部埋人牲 1 具,头部向南,下肢已残。在主墓道回填土中,埋生马 5 匹。其余的 12 具殉人放置多处:其中在南墓道进入墓室的入口处埋 8 人,有 5 人仰身直肢东西排列,面部向东;有 3 人仰身直肢,并排,放其脚下,面部向北。共 2 男 3 女 3 儿童,女性为 15—20 岁,似为奴仆。在西二层台上埋 1 人,为 18 岁左右女性。在东二层台上埋 1 人,为 16 岁左右女性。二者似为近身婢妾。在棺材两侧各埋 1 人,身旁有骨排箫、铜铙等乐器。腰坑埋 1 人,男性,颈挂小贝串饰 1 件及玉鸟 2 件,似为侍卫。

东周时期,有更多的殉葬者是同墓主异穴,或异地而葬,但在墓主陵园内或陵园附近的居多。此种殉葬方式直接影响到了王室、勋臣、嫔妃等阶层,以能陪葬在诸侯陵园内为最大的荣耀。《墨子·节葬下》载:"天子诸侯杀殉,众者数百,寡者数十。将军大夫杀殉,众者数十,寡者数人。"

陕西凤翔县秦都雍城内有一处寝庙建筑群遗址,长160多米,宽90多米,当为春秋中晚期。从1981年开始,经过长达十年的发掘清理,发现各类祭祀坑181个,其中:牛坑86个,羊坑55个,牛羊坑1个,木车坑2个,人牲坑8个,人牲羊牲坑1个,瘗埋祭肉或牲血坑28个。均为竖穴,南北向,东西排列,绝大部分就分布在寝庙中庭。少数在东西两厢的空地上。

湖北随县擂鼓墩一号墓系战国早期曾侯乙墓葬,1979年发掘清理,发现殉葬21人。椁室分东、西、中、北四室,主棺位于东室,在东室,另有8具殉人棺及1具狗棺。西室有13具殉人棺,殉人棺材长1.9—2.0米,宽0.65—0.80米,高0.60—0.80米,彩绘,竹席裹尸,每棺1人,有少量的玉器、木梳及篦梳随葬。经对殉人骨架的科学鉴定,皆为13—25岁的女性。与墓主同室的8个殉人,似为姬妾之属,西室的13个殉人似为乐伎。

秦公陵寝位于甘肃省礼县永兴乡赵坪村大堡山,1994年对园内的两座大墓及一座车马坑进行了发掘,在二号墓(按:推测当为秦襄公),有牲人12具,殉人7具,墓底中央有腰坑,埋狗1只,玉琮1件,殉人有木棺,随身佩戴小件玉饰;在三号墓(按:推测当为秦襄公之夫人),有牲人7具,殉人1具以上。车马坑内埋木车12辆,生马48匹。

《史记》卷五《秦本纪》记载:秦武公二十年(前678),"武公卒,葬雍平阳。初以人从死,从死者六十六人"。后历德公、宣公、成公三世,殉葬数量仍然居高不下。《史记》卷五《秦本纪》正义引应劭云:"秦穆公与群臣饮酒酣,公曰'生共此乐,死共此哀。'于是奄息、仲行、针虎许诺。及公薨,皆从死。《黄鸟》诗所为作也。"秦穆公三十九年(前621),穆公卒,葬雍(今陕西凤翔东南),从葬者达177人,其中就包括奄息、仲行、针虎三位大臣。秦人为之痛哀,遂作歌《黄鸟》。黄鸟,哀三良也,国人讽刺秦穆公以人从死,而作是诗,黄鸟三章,章十二句,诗句悱恻深沉,寄托了秦人对奄息、仲行、针虎三位良吏的无限哀痛和对秦穆公的愤懑之情。

交交黄鸟,止于棘。谁从穆公?子车奄息。维此奄息,百夫之特。临其穴,惴惴其栗。彼苍者天,歼我良人!如可赎兮,人百其身!

交交黄鸟,止于桑。谁从穆公?子车仲行。维此仲行,百夫之防。临其穴,惴惴其栗。彼苍者天,歼我良人!如可赎兮,人百其身!

交交黄鸟,止于楚。谁从穆公?子车针虎。维此针虎,百夫之御。临其穴,惴惴其栗。彼苍者天,歼我良人!如可赎兮,人百其身!

三位良吏墓冢在岐州雍县(今陕西凤翔县南)古城内,距秦穆公墓约500米。

陕西凤翔县秦公一号大墓是秦景公之墓,经考古发掘,墓中发现殉葬者180人,其中有宠臣,有贵族,有奴隶,有的一棺一椁,有的只一棺,有的无棺无椁,有的置于墓道,有的则被填于回土之中。

秦献公嬴师隰,早年流亡魏国。秦献公元年(前384),嬴师隰明令“止从死”。替代殉人的物形——俑,便应运而生,经历了从木俑—泥俑—石俑—陶俑,或人或马或车或兵器等等。

其实殉葬并未止住。西周贵族和诸侯的墓葬延续了殷商杀殉和人祭现象,但与殷商不同的是出现了合葬墓。

第二节 秦汉魏晋时期

据文献记载,修建秦始皇陵的劳役者,大部分为征集而来的刑徒人员。秦国刑法是轻罪重判,稍不留意,便会触犯刑律受罚。以致形成“赭衣塞路,囹圄成市”的局面。在秦始皇陵西南方向约1500米处,考古发现有刑徒墓地三处。其中,位于赵背户村西的墓地南北长180米,东西宽45米,面积约8100平方米。墓葬分三行密集排列,东边的一行墓作南北向,另外两行为东西向,墓与墓之间有的仅有0.2米,小坑之间隔墙仅有0.1米。在32座墓内清理挖出人骨架百余具,其中,成年女性三人,儿童两人,其余均为二三十岁的青壮年。除极少数仰身直肢者外,其余均为侧身屈肢者,或俯身屈肢者,头向不一,且坑内尸骨有的平放,有的叠压,有的身首异处。

在整个秦朝,人殉现象非常严重。《史记》卷六《秦始皇本纪》载:始皇三十七年(前210)九月,"葬始皇骊山……二世曰:'先帝后宫非有子者,出焉不宜。'皆令从死,死者甚众,葬既已下,或言工匠为机,臧皆知之,臧重即泄。大事毕,已臧,闭中羡,下外羡门,尽闭工匠臧者,无复出者。"这里的"无复出者"指两类人:一类是秦王政后宫没有生育的妃子,另一类是因害怕修陵的工匠泄漏陵墓中秘密而被杀的。依此记载推测,人数不会太少。这是秦二世胡亥的决定,与秦始皇没有关系。又《汉书》卷三十六《楚元王传》载:"秦始皇帝葬于骊山之阿……又多杀宫人,生薶工匠,计以万数。"除了宫人和工匠外,还有大臣,诸如蒙恬、蒙毅,以及太子扶苏、公子将闾昆弟三人。另有"六公子戮于杜","公子十二人僇死咸阳市,十公主矺死于杜"。"矺"都是秦朝死刑的类别。"僇于市"即弃市,就是在闹市区把人杀死,"僇"同"戮",杀戮。"矺"同"磔",肢解肢体致人死亡。全句是指:胡亥将他的兄弟姊妹中十二位兄长杀死在咸阳闹市,把他的十位姐妹在杜这个地方肢解而死。又《史记》卷八十七《李斯列传》载,二世胡亥即位后,"公子高欲奔,恐收族,乃上书曰:'先帝无恙时,臣入则赐食,出则乘舆。御府之衣,臣得赐之;中厩之宝马,臣得赐之。臣当从死而不能,为人子不孝,为人臣不忠。不忠者无名以立于世,臣请从死,愿葬骊山之足。唯上幸哀怜之。'书上,胡亥大悦,召赵高而示之,曰:'此可谓急乎?'赵高曰:'人臣当忧死而不暇,何变之得谋!'胡亥可其书,赐钱十万以葬。"

1976年,在始皇陵园东墙外350米处发现了十七座墓葬,坐东向西,自北而南单行排列,在已发掘的八座墓葬中,均为带斜坡道的"甲"字形墓,墓底皆为一棺一椁,棺底铺垫草木灰,除了一墓棺材内放置一柄铜剑外,其余七座墓棺各葬一人。出土时,大多骨架凌乱,或身首各异,随葬品有比较多的陶器和少量的铜器,以及金、银、玉饰品。经对骨架科学鉴定,为五男二女,其中年仅二十岁的女性一人,另外六人年龄均在三十岁左右。从墓葬的所处位置、死者被杀以及器物特征判断,这批墓葬当为被诛杀的秦始皇的公子及公主。

汉魏晋南北朝时期依然盛行人殉。但出现了两个特点,一是基于封建社会三纲五常的礼教,多以妻妾的身份殉葬。

汉初,爆发了田横徒属五百人从死的政治突发事件。

田横,秦末群雄之一,原为齐国贵族,在陈胜吴广大泽乡起义后,与兄田儋、田荣反秦自立,兄弟三人先后占据齐地为王。后汉高祖刘邦统一天下,田横不肯称臣于汉,率五百门客逃往海岛,刘邦派人招抚,田横被迫乘船赴洛,在距洛阳三十里的尸乡自刎。刎前曾说,现在我割下我的头颅,快马飞奔三十里,我的容貌还不会改变,还是能够看一下我究竟是什么样子的。说完之后,持剑自刎,命两个门客手捧他的头颅,跟随使者飞驰入朝,奏知刘邦。刘邦忍不住为他流下了热泪。然后,刘邦拜田横的两个门客为都尉,并且派两千名士卒,以诸侯王的丧礼安葬了田横。安葬完田横之后,两个门客在田横墓旁挖了个洞,然后也自刎,追随田横而去。刘邦听后,大为吃惊,认为田横的门客都是贤才。刘邦听说田横手下还有五百人在海岛上,又派使者召他们进京。进京之后,这五百门客听到田横已死,他们也都自杀了。由此可见田横兄弟确实是得到贤士拥戴的人。

在汉景帝刘启的从葬坑中,除人殉外,还有排列密集的武士俑群,以及粮仓,牛、羊、猪、狗、鸡等陶质动物和陶、铁、铜质生活用具等。从葬坑所展现的军旅场景,与西汉时期的"南军"、"北军"有一定关系。这既是西汉帝王丧葬制度在一定程度上的反映,也是西汉经济繁荣、军力强盛和物质生活丰裕的缩影。

汉武帝时期,董仲舒上疏"去奴婢,除专杀之威"。汉武帝之子燕王刘旦,因叛逆罪自杀,"后夫人及随旦自杀者二十余人"。广陵王刘胥畏罪自杀,"八子郭昭君等二人皆自杀"。大臣霍光薨,宣帝赐葬皆如乘舆制度,有婢妾十五人从殉。

据《汉书》卷五十三《景十三王传》记载:赵缪王刘元"病先令,令能为乐奴婢从死,迫胁自杀者凡十六人"。刘元因"暴虐不道",结果遭到"国除"的处治。所谓"国除",是指封地被废除,或因功勋而获得的爵位被剥除。

从秦始皇到汉初田横之徒五百人从死,掀起了中国古代人殉数量的最

图35　汉景帝阳陵从葬坑　陈雪华 摄

高点。

　　建安二十年（215），在合肥战役中，曹魏名将张辽奇袭孙权，被誉为"江表之虎臣"的东吴将领陈武战死，孙权万分哀痛。亲自哭吊，参加葬礼。据《三国志》卷五十五《吴书·程黄韩蒋周陈董甘凌徐潘丁传》注引《江表传》曰："权命以其爱妾殉葬，复客二百家。"秦汉以后，常以木俑和陶俑代替人殉，但孙权依然用活人殉葬，残暴至极，令人不齿。

第三节 隋唐时期

隋唐是我国封建社会的鼎盛时期，"人殉"趋于衰微，偶有发生，也只限于皇室。《隋书》卷八十《襄城王恪妃列传》云："襄城王恪妃者，河东柳氏女也。父旦，循州刺史。妃姿仪端丽，年十余，以良家子合法相，娉以为妃。未几而恪被废，妃修妇道，事之愈敬。炀帝嗣位，恪复徙边，帝令使者杀之于道。恪与辞诀，妃曰：'若王死，妾誓不独生。'于是相对恸哭。恪既死，棺敛讫，妃谓使者曰：'妾誓与杨氏同穴。若身死之后得不别埋，君之惠也。'遂抚棺号恸，自经而卒。见者莫不为之涕流。"出现这次人殉事件，就是皇室内部争斗的结果。自经，即上吊自杀。

唐朝的人殉事件并不多见，见于文献记载的如下：

（一）《新唐书》卷七十七《王贤妃列传》载，会昌六年（846）三月，武宗李炎病重，"才人侍左右，帝熟视曰：'吾气奄奄，情虑耗尽，顾与汝辞。'答曰：'陛下大福未艾，安语不祥？'帝曰：'脱如我言，奈何？'对曰：'陛下万岁后，妾得以殉。'……"又，《资治通鉴》卷二百四十八《武宗至道昭肃孝皇帝下》载，"初，武宗疾困，顾王才人曰：'我死，汝当如何？'对曰：'愿从陛下于九泉！'武宗以巾授之。武宗崩，才人即缢。"三月二十三日，李炎驾崩，王才人为其殉身。二十六日，宪宗李纯第十三子、武宗叔父李忱以皇太叔身份于皇侄武宗李炎枢前即位，是为宣宗。宣宗听说后，怜悯之心油然而生，赠其为贵妃，诏令葬于武宗端陵柏城之内。端陵位于今陕西三原县徐木乡桃沟村东北。

（二）吐蕃是藏族在青藏高原上建立起来的奴隶制政权，当吐蕃王死后，臣子或亲信往往自愿从死殉葬。《通典》卷一百九十《吐蕃》载："其臣与君自为友，号曰共命人，其数不过五人。君死之日，共命人皆日夜纵酒，葬日，于脚下刺针，血尽乃死，便以殉葬。又有亲信人，用刀当脑缝锯。亦有将四尺木，大如指，刺两肋下，死者十有四五，亦殉葬焉。"《旧唐书》卷一百九十六《吐蕃上》载："其赞普死，以人殉葬，衣服珍玩及尝所乘马弓剑之类，皆悉埋之。"

（三）《旧唐书》卷一百九十七《西南蛮传》载："（东女国）国王将葬，其大臣亲属殉死者数十人。"东女国，是隋唐时期西南部（今四川西北部及青海东南部)的一个族名,系羌族的别支,亦称苏伐剌东挈瞿怛罗,意为金氏,因其地产黄金得名。以女为君,以男多为外官,受命耕战。武德年间,其国王遣使通好,每岁皆有朝贡。开元二十九年(741),其王赵曳夫遣使入朝,玄宗封为归昌王。贞元九年(793),其王与西山等诸部首领至剑南求内附,唐末羁属吐蕃。

(四)《全唐文》卷七百十六刘元鼎《使吐蕃经见记略》载:长庆元年(821),吐蕃赞普赤热巴金礼部尚书论讷罗到长安请和,穆宗诏命大理卿、御史大夫刘元鼎担任吐蕃会盟使,刘元鼎出使吐蕃记其沿途见闻:"山多柏坡。皆邱墓,旁作屋,赭涂之,绘白虎。皆夷贵人有战功者,生衣其皮,死以旌勇,殉死者瘞其旁。"

第四节 明清时期

明清时期,由于统治阶层崇尚殉节,致使人殉这一恶习死灰复燃,直到清朝覆灭,犹未止息。

《明史》卷一百一十三《后妃列传》载:"太祖崩,宫人多从死者。建文、永乐时,相继优恤。如张凤、李衡、赵福、张璧、汪宾诸家,皆自锦衣卫所试百户,散骑带刀舍人进千百户,带俸世袭,人谓之'太祖朝天女户'。"太祖从殉宫妃为38人,而被优恤者仅此五家,其余从殉宫妃则不知何籍。

从明太祖朱元璋到明英宗朱祁镇的近一百年间,皇帝驾崩或外藩诸王薨,都用大量的嫔妃、宫女及宫妃殉葬。国家令典规定,凡宫妃殉葬可得到追谥,官僚士大夫的妾媵殉葬可得到封谥。明人王世贞《弇山堂别集》载,洪武七年(1374)九月,中书平章政事李思齐卒,妾郑氏从葬自经死,赠淑人,谥贞烈;洪武十七年(1384)正月,安陆侯吴复卒,妾杨氏自经死,赠淑人,谥贞烈;燕山中护卫指挥使费愚卒,妾朱氏自经死,赠德人,谥贞烈;永乐二十一年(1423)正月,成安侯郭亮卒,妾韩氏自经死,赠淑人;宣德四年(1429)二月,中军左都督马聚卒,妾陈氏自经死,左军右都督冀杰卒,妾王氏自经死,俱赠淑人;同年三月,陕西都指挥使王俶战殁,妾时氏自经死,赠淑人,谥贞烈;宣德八年(1433)三月,忠义右卫镇抚李寿卒,妾赵氏自经死,赠宜人;同年四月,大同左卫指挥使范安卒,妾杨氏自经死,赠恭人;宣德九年(1434)二月,武安侯郑亨卒,妾张氏自经死,赠淑人;正统六年(1441)五月,中军都督金事胡荣卒,妾陈氏自经死,赠淑人;景泰二年(1451)九月,昌平侯杨洪卒,妾葛氏自经死,赠淑人;景泰三年(1452)正月,丰城侯李贤卒,妾余氏自经死,赠淑人。宣宗以后,由于从殉妾媵的不断增加,彰显"尊荣"的赠谥改为表示嘉奖的赐诰。诰而无谥,遂成定制。

在民间,最常见的殉节方式就是夫死妻妾从殉,包括未婚夫死在内。死的方式,可触棺死,可绝食死,可服毒死,可上吊自经死,均美其名曰:烈女、贞女、烈妇、贞妇等。程朱理学称其为"殉节"。无论称作什么,都始终改变不了"人殉"泯灭人性,欺贱别人生命的本质。

据《大明会典》卷九十记载:"孝陵四十嫔妃,惟二妃葬陵之东西,余俱从葬。"明成祖长陵十六妃,俱从葬;明仁宗朱高炽献陵七妃,三葬金山,余俱从葬;明宣宗景陵八妃,一葬金山,余俱从葬。明英宗裕陵十八妃,一葬绵山,余俱金山。明宪宗茂陵十四妃,一葬陵之西南,余俱金山。明武宗康陵,一妃葬金山。明世宗三十妃二十六嫔,永陵惟五妃葬。

据明人黄瑜《双槐岁抄》记载,景泰七年(1456)二月,代宗朱祁钰驾崩,因李贤之奏,准汪妃以抚养幼女免殉。但唐氏等嫔妃"俱赐红帛自尽,以殉葬"。

永乐二十二年(1424)七月十七日,明成祖朱棣驾崩,朝鲜《李朝世宗实录》卷二十六记载了宫人韩氏和崔氏被赐死殉葬的惨状:

> 使臣言:前后选献韩氏等女,皆殉大行皇帝……及帝之崩,宫人殉葬者三十余人。当死之日,皆饷之于庭,饷辍,俱引升堂,哭声震殿阁。堂上置小木床,使立其上,挂绳围于其上,以头纳其中,遂去其床,皆雉颈而死。韩氏临死,顾谓金黑曰:"娘,吾去!娘,吾去!……"语未竟,旁有宦者去床,乃与崔氏俱死。

韩氏和崔氏是朝鲜李朝世宗李裪选送给明朝皇帝的宫妃。韩氏在被赐死之前,正值仁宗朱高炽来大堂验视被赐死的诸妃,崔氏泣泪乞求仁宗饶她一命,以便回国侍奉老母,不料却遭到了仁宗无情而冷漠地拒绝。据说,韩氏是朝鲜韩永矴的长女,深受永乐皇帝的宠爱,她的哥哥韩确因她而被授予鸿胪寺少卿(置员两人,从五品,协助寺卿掌朝会、宾客及吉凶礼仪之事)。金黑,是韩氏的奶妈,因受"鱼吕之乱"事件影响,奉金黑为恭人,不再遣其回国。直到宣宗宣德十年(1435)四月,才准其与其他53名女婢返回故国。

《明史》卷一百十三《后妃列传》记载:

> 郭嫔,名爱,字善理,凤阳人,贤而有文,入宫二旬而卒。自知死期,书楚声以自哀。辞曰:"修短有数兮,不足较也。生而如梦兮,死则觉也。先吾亲而归兮,惭予之失孝也。心惨惨而不能已兮,是则可悼也。"

郭爱,这位来自民间的女子,因贤惠又有才学而被征召入宫,不幸的是,入宫才二十天,竟被列入为宣宗殉葬的名单。她在绝望之际,悲愤地写下了这首绝命辞。字里行间充满凄凉哀怨。可怜死时年仅十四岁,实在令人扼腕。

《明史》卷一百十三《后妃列传》载,英宗正统元年(1436)八月,"追赠皇庶母惠妃何氏为贵妃,谥端静;赵氏为贤妃,谥纯静;吴氏为惠妃,谥贞顺;焦氏为淑妃,谥庄静;曹氏为敬妃,谥庄顺;徐氏为顺妃,谥贞惠;袁氏为丽妃,谥恭定;诸氏为淑妃,谥贞静;李氏为充妃,谥恭顺;何氏为成妃,谥肃僖。册文曰:兹委身而蹈义,随龙驭以上宾,宜荐徽称,用彰节行"。这些女子都是为宣宗殉葬的宫妃。

《双槐岁抄》载,天顺八年(1464)二月二十三日,英宗驾崩,临终前遗言:"用人殉葬,吾不忍也。此事宜自我止,后世勿复为。"此令虽没有让流传几千年的活人殉葬制度走向灭绝,但至少使其得到了遏制。故史官在《明史》卷一二《英宗后纪》对英宗做出了高度评价:"(英宗)前后在位二十四年,无甚稗政。至于上恭让后谥,释建庶人之系,罢宫妃殉葬,则盛德之事可法后世者矣。"

尽管公开胁迫殉葬受到了来自朝廷的制约,但设法制造"自愿"殉葬的照样可以通行。

在明英宗遗诏废止人殉之前,宫妃殉葬在明朝皇宫和各王府中是普遍存在的。此后,直到明朝晚期,虽然不再有强制性的人殉,但宫嫔自尽殉夫之事在各藩王府中仍偶有发生。朝廷则例予旌表。鉴于殉葬恶习还在外藩诸王之间仍然流行,宪宗再次诏令,严禁贵族用人殉葬。虽然诏令严厉,但实际情形是令而不行,禁而不止。《明宪宗宝训》卷二载,成化十年(1474)七月,辽王豪墭奏:'嫡长子恩鑴病故,其继配冯氏、妾曹氏俱无所出,宜令殉葬。'上曰:'先帝上宾,顾命毋令后宫殉葬,可以为万世法,况王府前此亦未尝有用殉者,今辽王葬其子,乃欲以其妇殉之,何其戾邪! 礼部其移文所司,启王勿用殉,迁其妇别室,毋令失所。'"据吴晗《明代的殉葬制度》记载,成化二十二年(1486)六月,宁河康僖王死,宫人王氏、杨氏、张氏、段氏自经殉王,赠夫人封号。

《明史》卷一百十六《诸王列传》载,崇祯十四年(1641),李自成攻陷山西中部县,知县朱新堞慨然道:"此我致命之秋也。""而己誓必死。妻卢氏,妾薛氏、冯氏,请先死。许之。有女数岁,拊其背而勉之缢。左右皆泣下。乃书表封印,使人驰送京师,冠带望阙拜,又望拜其母,遂自经。士民葬之社坛侧,以妻女祔。先是,土寇薄城,县丞光先与战不胜,自焚死。新堞哭之恸,为之诔曰:'杀身成仁,虽死犹生。'至是,新堞亦死难。"

崇祯十七年(1644)三月十九日清晨,兵部尚书张缙彦主动打开正阳门迎刘宗敏所部军,中午时分,李自成由太监王德化引导,从德胜门入,经承天门步入内殿。此时,崇祯皇帝领着太监王承恩移步煤山瞭望,后又返回紫禁城乾清宫,见大臣皆已逃散,绝望中的崇祯皇帝对皇后周氏说:"大事出矣,尔为天下母,宜死。"皇后笑答:"妾事陛下十八年,卒不听一语,今日同死社稷,亦复何所恨。"话音刚落,便自缢身亡。崇祯又传太子及二王改装出走,复入寿宁宫,剑削长平公主左肩,再命懿安皇后、袁贵妃等自尽,自己则往煤山自缢,史称"甲申之变",或称"甲申殉难"。

崇祯死后,王承恩从殉。御史金毓峒跃入井中死,妻王氏自经死。毓峒从子振孙惨遭农民军肢解。清人谷应泰《明史纪事本末》卷七十九载:"毓峒子罂妇陈氏,年十八,与其祖母张、母杨、嫂常,一时尽投于井。张抱孙于怀同下，侍婢四人亦从下。"

宫人魏氏为效忠崇祯，竟率领三百多名宫女跃入紫禁城御河从死。在紫禁城外，大学士范景文等从死者数十人，加上各自的妻妾、子女、奴仆，从死者不下数百人。《明史纪事本末》卷八十记载："阖门同死者：中允刘理顺、新乐侯刘文炳、惠安伯张庆臻、宣城伯卫时春、驸马巩永固、金吾高文采是也。父与子俱死者：少司寇孟兆祥、儒生张世禧是也。母与妻子俱死者：枢部郎成德、金铉是也。妻妾从死者：大学士范景文、左谕德马世奇、检讨汪伟、御史陈良谟、勋丞于腾蛟是也。独身效死者：大司农倪元璐、中丞施邦曜、廷尉凌义渠、少司马王家彦、太常卿吴麟征、庶子周凤翔、给谏吴甘来、御史王章、陈纯德、吏部郎许直、兵马姚成、中书宋天显、滕之所、阮文贵、百户王某、知事陈贞达、经历张应选、毛维张是也。闻难饿死者：长洲诸生许琰是也。凡此诸臣者，无论道术素许，至性勃发，位列三阶，荣邀一命，莫不椎心扼吭，追路相从。良以衣带凤铭，冯生者固少；宫车晏驾，蝼蚁者益多耳！"

满洲爱新觉罗部族，其王公嗜好活人殉葬遗风。清人方拱乾《宁古塔记》记载："男子死，必以一妾殉。当殉者必于主前定之，不容辞、不容借也。当殉不哭，艳妆坐炕上，主妇率其下拜而享之。及时，以弓弦扣环而殒之。当不肯殉，则群起而缢之死矣。"

皇室宫妃殉葬始于清太祖爱新觉罗·努尔哈赤。明万历三十一年（1603），清太祖孝慈高皇后叶赫那拉·孟古哲哲薨，身边四婢皆从殉，另宰牛马一百致祭。天命十一年（1626）八月十一日，努尔哈赤驾崩，大妃乌拉那拉·阿巴亥以身殉葬。《太祖武皇帝实录》较为详细地记述了其殉身的情景：

> 后饶丰姿，然心怀嫉妒，每致帝不悦，虽有机变，终为帝之明所制。留之恐后为国乱，预遗言于诸王曰："俟吾终，必令之殉。"诸王以帝遗言告后，后支吾不从。诸王曰："先帝有命，虽欲不从，不可得也。"后遂服礼衣，尽以珠宝饰之，哀谓诸王曰："吾自十二岁事先帝，丰衣美食，已二十六年，吾不忍离，故相从于地下。吾二子多尔衮、多铎，当恩养之。"诸王泣而对曰："二幼弟，吾等若无恩养，是忘父

也。岂有不恩养之理!"于是,后于十二日辛亥辰时自尽,寿三十七,乃与帝同枢。

　　阿巴亥从殉,未必出于努尔哈赤的遗命,极有可能是皇太极等诸王矫诏,逼迫阿巴亥殉身,为皇太极夺取政权扫平道路。除阿巴亥殉身外,尚有德因泽、阿济根二侧妃亦殉之。从此以后,太宗皇太极、世祖福临以及贝勒岳托、睿亲王多尔衮等都曾用宫妃或男奴殉葬。王先谦《东华录》记载,崇德四年(1639),扬武大将军、贝勒岳托死,其妻福金殉葬。崇德八年(1643)八月,太宗皇太极驾崩,"京章敦达里、安达里二人愿殉。敦达里,满洲人,幼事太宗,后分隶肃亲王豪格。及太宗殡天后,敦达里以幼蒙恩,不忍永离,遂以身殉……"顺治七年(1650)十二月初九,睿亲王多尔衮薨于古北口外喀喇城,顺治福临闻之震悼,率王公大臣缟服东直门外五里迎多尔衮遗体。下诏追尊多尔衮为"懋德修道广业定功安民立政诚敬义皇帝",庙号成宗,追尊为成宗义皇帝,丧礼依帝礼。侍女吴尔库尼殉葬。顺治十七年(1660)八月十九日,顺治爱妃董鄂氏病逝,顺治伤感万分,赐死太监及宫女三十人从殉。顺治十八年(1661)正月初七,福临驾崩于养心殿,妃栋鄂氏殉葬,侍卫傅达里从殉。

　　清朝入主中原后,殉葬制度遭到汉族官吏的非议。据《清史稿》卷二百六十四《朱裴列传》记载,康熙朝,礼科给事中朱裴鉴于满洲俗尚殉葬恶习,疏请申禁:"泥信幽明,未有如此之甚者。夫以主命责问奴仆,或畏威而不敢不从,或怀德而不忍不从,二者俱不可为训。好生恶死,人之常情。捐躯轻生,非盛世所宜有。"又据王先谦《东华录》记载,康熙十二年(1673)六月,玄烨诏令:"命禁止八旗包衣佐领下奴仆随主殉葬。"从此,殉人恶习被彻底禁绝。

第八章　帝陵陪葬

陪葬,是指王公大臣,尤其是开国勋臣死后,葬在帝陵陵区之内,或帝陵周边附近。有的则是皇帝生前诏令陪葬。一般情况下,宗室及宠臣、重臣愈靠近帝陵,由此逐渐向外扩展,在帝陵不同的方位形成巨大的陪葬墓群。历朝历代的宗室、宠臣和重臣,将能陪葬帝陵视为一种至高的荣耀。

第一节　汉唐时期

在汉朝帝陵周围,分布着规模宏大的陪葬墓区。一般情况下,允许皇亲国戚、妃嫔宫人及朝臣陪葬,陪葬墓区位于帝陵的前方。在布局上,陪葬墓有大小和远近之别,封土又有覆斗形、圆锥形及山形之分。也准许陪葬中的达官显贵建造陵邑和祠堂。据《陕西帝陵档案》记载,位于陕西咸阳市北原上的汉高祖刘邦长陵,在其陵东,现存陪葬墓六十余座,其中多为刘邦的开国元勋、文武重臣,如萧何、曹参、张良、周勃、王陵、张耳、周亚夫、纪信、戚夫人、平原君等,刘彦谦《长陵》诗云:"长陵高阙此安刘,附葬垒垒尽列侯。"

汉惠帝刘盈安陵位于陕西咸阳市秦都区韩家湾乡白庙村。在安陵之西270米处为孝惠张皇后陵。张皇后,名嫣,刘盈的外甥女。吕后操纵了这门亲事。据史书记载,张皇后墓"不起坟",现地面坟冢为日后所堆,覆斗形,底部东西长60米,南北宽50米,顶部边长20米,高12米。在安陵陵东900米处为陪葬墓区,共11座,有赵王刘如意、鲁元公主、陈平、杨雄、张苍等。分布或两墓并列,或数墓成群。

《重修咸阳县志》卷一载:"四皓墓。在安陵旁。""四皓"即"商山四皓",指秦汉之际隐于商於(今陕西商南县及河南淅川县一带)的东园公庾宣明、甪里先生周术、绮里季、夏黄公崔广四位高人,年皆八十余。传说汉高祖刘邦得天下,敦聘他们四人出山,他们无意权位,不恋富贵,愿过清闲生活。后来,吕后采用张良计策,使皇太子刘盈卑辞束帛致礼,安车迎而致之,并邀四人同游。因而使高祖认为皇太子的羽翼渐至丰满,遂打消了改立赵王刘如意为皇太子的念头。四皓墓,或为衣冠冢。位于安陵之南,曾建有四皓庙,或称四皓祠。

清人郑板桥曾作《四皓》诗:"云掩商於万仞山,汉庭一到即回还。灵芝不是凡夫采,荷得乾坤养得闲。"

霸陵,位于陕西西安市灞桥区,东北临灞水,西南依白鹿原,当地人称"凤凰嘴",为汉孝文帝刘恒陵寝,是西汉长安城东南的西汉两座帝陵之一。至于为何选址在此,推测与汉初"昭穆制度"有关。

阳陵是汉景帝刘启及其皇后王氏同茔异穴的合葬陵园,位于陕西咸阳渭城区。陪葬墓34座,分北区和东区。北区为景帝嫔妃墓区,东区为王侯将相等墓区。

汉武帝刘彻的茂陵位于槐里县茂乡(今陕西兴平市南位镇策村),在茂陵陵园东约1公里的司马道南北两侧,就是茂陵的陪葬墓区。陪葬墓有卫青、霍去病、霍光、金日磾、阳信长公主、李夫人、上官桀、上官安及敬夫人等12座,其中霍光墓距离茂陵约3.5公里。正所谓"武帝遗寝峙荒墟,名将佳人左右扶"。

李夫人,中山(今河北定县)人,音乐家李延年之妹。李延年原本因犯法而遭受腐刑,负责饲养宫中的狗,因擅长音律,且能歌善舞,颇得武帝赏识。一日为武帝献歌:"北方有佳人,绝世而独立,一顾倾人城,再顾倾人国。宁不知倾城与倾国,佳人难再得。"加之平阳公主的推荐,其妹由此得宠,后生一子,即昌邑王刘髆,产后不久病逝,被封"李夫人"。《汉书》卷九十七《外戚李夫人传》载:

> 初,李夫人病笃,上自临候之,夫人蒙被谢曰:"妾久寝病,形貌毁坏,不可以见帝,愿以王及兄弟为托。"
>
> 上曰:"夫人病甚,殆将不起,一见我属托王及兄弟,岂不快哉?"
>
> 夫人曰:"妇人貌不修饰,不见君父,妾不敢以燕婿见帝。"
>
> 上曰:"夫人第一见我,将加赐千金,而予兄弟尊言。"
>
> 夫人曰:"所以不欲见帝者,乃欲以深托兄弟也。我以容貌之好,得从微贱爱幸于上。夫以色事人者,色衰而爱弛,爱弛则恩绝。上所以挛挛顾念我者,乃以平生容貌也。今见我毁坏,颜色非故,必畏恶吐弃我,意尚肯复追思闵录其兄弟哉!"

及夫人卒,上以后礼葬焉。

李夫人死后,武帝以皇后之礼安葬之,并破格将其陵墓置于茂陵之西,曰英陵,或集仙台。经考古测量,陵墓封土底部东西长 90 米,南北宽 120 米,顶部平面为正方形,边长约 20 米,封土堆高 25 米,占地 19 亩。李夫人去世后,汉武帝十分思念,遂命画师在甘泉宫为李夫人绘像,又为李夫人塑像,放在轻纱幕中。

平陵是汉昭帝刘弗陵的陵墓,坐落在陕西咸阳秦都区双照镇王村南。陵冢封土呈覆斗形,底部周长 2700 米,高 29.2 米。霍光外甥女上官皇后陵位于帝陵西北 665 米处,封土为覆斗形,陵园为正方形,围墙边长 380 米,四面各辟一门,阙门正对墓冢。陪葬墓区位于平陵东,原有陪葬墓 57 座,现存 23 座。

杜陵为汉宣帝刘询的陵墓,坐落在陕西西安市曲江乡。许皇后陵,史称"小陵",俗称"少陵",位于杜陵南长安县大兆乡司马村。

杜陵的陪葬墓,据《汉杜陵陵园遗址》记载有 107 座,现地面封土 60 多座。陪葬墓区有正东稍偏南与正东稍偏北之分,此与效仿长安城未央宫东阙外权臣朝拜时的礼仪有关。未央宫是长安城的核心所在,相当于秦的阿房宫,时人谓之"紫宫",后人谓之"中宫"。

唐的陪葬制度沿袭汉朝。高祖献陵的陪葬墓分布在陵寝正东及东北,陪葬墓区东西长 4000 米,南北宽 1500 米。陪葬者有:高祖第六女房陵大长公主、高祖第十二子彭王李元则、高祖第十五子虢王李凤、荣国公樊兴等。

《唐会要》卷二十一《陪陵名位》载,贞观十一年(637)二月,李世民诏曰:

> 佐命功臣,义深舟楫,或定谋帷幄,或推身行阵,同济艰危,克成鸿业,追念在昔,何日忘之。汉氏将相陪陵,又给东园秘器,笃终之义,恩意深厚。自今以后,功臣密戚,及德业佐时者,如有薨亡,宜赐茔地一所,及赐以秘器,使窆窆之时,丧事无阙。

陵寝文化

图36　唐太宗昭陵图　采自元人李好文《长安志图》

贞观十一年（637）十月，又诏曰："诸侯列葬，周文创陈其礼……皇运之初，时逢交泰，谋臣武将等，先朝特蒙顾遇者，自今以后，身薨之日，所司宜即以闻，并于献陵左侧，赐以墓地，并给东园秘器。"贞观二十年（646）八月，又诏曰："周室姬公，陪于毕陌，汉廷萧相，附彼高园……其有父祖陪陵，子孙欲来从葬者，亦宜听许。"

昭陵的陪葬墓，在形制上分为：

一、依山为墓者

如魏徵陵墓及韦贵妃墓。

魏徵秉性刚毅，知无不言，犯颜直谏，有经国之才。李世民先后拜魏徵为尚书左丞、秘书监、侍中。贞观十年（636），房玄龄、魏徵奉命监修《隋史》《周史》《梁史》《陈史》《齐史》。其中《隋史》的序论、《梁史》《陈史》《齐史》的总论皆由魏徵亲撰，时称房玄龄、魏徵为"良史"。贞观十三年（639），魏徵向太宗上《谏太宗十思疏》，提醒太宗"居安思危，戒奢以俭"、"兼听则明，偏听则暗。"被史家称为"万世师表"。魏徵染病后，太宗诏令把为自己修建殿宇的材料全部拉去为魏徵营造大屋。魏徵病重，太宗亲临其府探望。魏徵病危，太宗再次亲往探视，并拜魏徵为太子太师，知门下省事如故。贞观十七年（643）正月十七日，魏徵病逝，太宗亲临恸哭，并辍朝五日，太子举哀于西华堂。太宗命九品以上文武百官朝集赴吊，以一品官葬礼陪葬昭陵。出殡之日，太宗登临禁苑西楼，望丧而哭，命文武百官送出郊外，并"亲制碑文并为书石"。太宗叹道："以铜为鉴，可正衣冠；以古为鉴，可知兴替；以人为鉴，可明得失。朕尝保此三鉴，内防己过。今魏徵逝，一鉴亡矣。"鉴，即镜子。

魏徵墓坐落在昭陵西南约二公里的凤凰山南麓，当地人称"魏陵"。太宗特许魏徵墓因山为陵，并仿帝陵规制建造。墓前墓碑，高4米半，蟠首趺座。碑文原为太宗亲撰，后被太宗诏令铲除，变成了一通真正意义上的"无字碑"。现墓碑仍然立在魏徵陵墓之前，碑侧图案隐约可见。贞观十九年（645），太宗亲征高丽失败，班师回朝后，深悔此行，便派人到魏徵陵前祭祀，诏令重立墓碑，恩礼并加，以示悔过。

韦贵妃墓位于唐太宗昭陵东冶姑岭上。墓前原有石柱、石羊、石马石人

图 37　魏徵陵墓　党明放 摄

等，墓碑龟座。1990 年 9 月进行了考古发掘，资料表明：墓由墓道、四个过洞、四个天井、前后甬道、前后墓室和四壁龛构成，水平全长 49.38 米。墓室出土

图 38　韦贵妃墓　陈雪华 摄

文物 174 件,其中一件贴金彩绘双头镇墓兽属稀世之物。一对彩绘贴金天王俑堪称珍品,墓内壁画从墓道至墓室,都大面积保留了下来。这些壁画内容丰富,色彩鲜明,有威武雄健的仪卫,肃穆直立的门吏,有神情各异的给使,有亭亭玉立的侍女,有生动传神的乐伎等。并出土墓志铭一合,正方形,每边宽0.795 米,盖篆"大唐太宗文皇帝故贵妃纪国太妃之铭",墓志铭撰写者令狐德棻。

二、象山形墓

此类墓仿照汉武帝茂陵之陪葬墓——卫青墓及霍去病墓形制建造。如司空、太子太傅、上柱国、英国公、赠太尉、扬州大都督李勣墓,尚书右仆射、卫国公李靖墓。

三、封土覆斗形

如长乐公主墓、新城长公主墓、城阳公主墓等;且在墓的前后左右各置一个土阙,当地民众谓之"八抬轿"。

四、不封不树,墓而不坟

如尚书左仆射、申国公高士廉墓。

五、封土为圆锥形

如尚书房玄龄墓、中书令温彦博墓、左卫大将军段志玄墓、开府仪同三司尉迟敬德墓、右武卫大将军凉州都督郑仁泰墓、右骁卫大将军阿史那忠墓等。

由于太宗在位时三次下诏,致使以九嵕山陵山为中心,周围形成了庞大的陪葬墓群。清人王锡祺《小方壶斋舆地丛钞》载:"九嵕山下陪葬诸王七、嫔妃八、公主二十二、丞郎三品五十有三、功臣大将军以下六十有四。"又,《唐会要》卷二十一《陪陵名位》载,在昭陵陪葬中,有侍中郑国公魏徵、司空太子太师英国公李勣、李世民第五女长乐公主李丽质、忠武公尉迟敬德、李世民的贵妃韦珪、李世民第十一女临川公主李孟姜、李世民第二十一女新城长公主,以及西突厥右武卫大将军、平州都督、窦国公史大奈,突厥右武卫大将军、北宁州都督、怀德郡王阿史那苏尼夫,突厥右武卫大将军、怀化郡王李思摩等。唐太宗李世民陵寝居高临下,俯视功臣贵戚。陪葬墓分布于陵山之东、南、西三面,形成扇形辐射状,"譬若拱辰",其排列位置根据死者的身份、地位以及与皇帝的亲疏关系而定,亲者近,疏者远。

唐高宗乾陵的陪葬墓有:中宗李显长子懿德太子李重润墓,中宗李显第七女永泰公主李仙蕙墓,高宗李治与武则天的次子章怀太子李贤墓,以及高宗第三子泽王李上金,高宗第四子许王李素节,章怀太子李贤次子邠王李守礼,高宗长女义阳公主,睿宗李旦次女安兴公主,中宗李显长女新都公主,中书令薛元超,特进王及善,特进刘审礼,燕国公李谨行,右仆射杨再思,右仆射刘仁轨,礼部尚书左仆射豆卢钦望,左武卫将军高侃等。其中,懿德太子墓和永泰公主墓皆"号墓为陵",懿德太子陵园东西长 214.5 米,南北长 256.5 米,墓前立石柱一对,石人一对,石狮一对。永泰公主陵园东西长 220 米,南北宽 363 米。唐以方为贵,坟墓形制皆为双层台阶方形覆斗式。章怀太子"墓不称陵",陵园东西长 143 米,南北宽 180 米,墓前立石羊一对,坟墓虽为方形,但仅为单层台阶式土台。

中宗定陵陪葬墓有:中宗第三子节愍太子李重俊,中宗次女宜城公主,第三女定安公主,第四女长宁公主,第五女永寿公主,及尚书左仆射魏元忠等。

睿宗桥陵的陪葬墓有:贤妃王芳媚、惠庄太子李㧑、惠文太子李范、惠宣太子李业、睿宗第四女代国公主李华、第六女凉国公主李苑、第七女鄎国公主、第八女金仙公主无上道,及彭国公云麾将军李思训等。

玄宗泰陵的陪葬墓仅有一座,即内侍宦官高力士。

肃宗建陵陪葬墓有:尚父汾阳郡王郭子仪,汧国公检校工部尚书李怀让等。

《开元礼》卷三载,凡赐予陪葬者,一品官茔地方九十步,坟高一丈八尺,特殊待遇可以坟高四丈,一至五品,四隅筑阙,螭首(龙纹碑头)龟趺(龟形碑座),趺上高九尺。从二品以下,每低一品,茔地递减十步,坟高递减二尺;六品以下,茔地方二十步,坟高八尺,七品以上,圭首方趺,趺上高四尺。又,《唐会要》卷三十八载,开元二十九年(741),玄宗诏令降低坟墓规格,一品官为一丈六尺,二品以下,依次削减二尺,六品以下为七尺,庶人坟高四尺。

关于唐十八陵的陪葬墓,文献记载及考古调查多有出入。

自"安史之乱"以后,由于国家政策及君臣关系等因素,陪陵制度逐渐废弛，加之中晚期的陪葬只限于宗室皇族，从而导致陪葬陵墓数量锐减。

图 39　高力士墓　党明放 摄

第二节　明清时期

明十三陵中，除皇后祔葬帝陵外，又有皇妃、太子、太子妃及太监。其墓分布如下：

东、西二井为明成祖朱棣的两位皇妃的墓。东井位于德陵左馒头山西麓，西井位于定陵右大裕山东麓。《帝陵图说》载，其为成祖殉葬者十六妃。但二井墓主姓氏、生平以及人数情况不详。

皇贵妃万氏坟，位于昭陵南苏山东麓。成化二十三年（1487）春，万氏以"暴疾"身亡，三月初六，葬入宪宗朱见深陵寝。

三妃坟，位于袄儿峪前，系嘉靖七年（1528）十月为世宗朱厚熜元配皇后陈氏所卜陵址，曰悼陵，工部侍郎何绍主持建造。嘉靖八年（1529）三月初一，葬陈皇后入内。隆庆元年（1567）三月，陈皇后迁祔永陵，致使悼陵玄宫虚空。万历九年（1581）十月，皇贵妃沈氏去世，神宗令葬入悼陵。之后，又有文妃、卢妃葬入。

四妃二太子墓,位于三妃坟之左51.5米。坟园墓主分别为世宗皇贵妃阎氏、王氏、贞妃马氏、荣妃杨氏,以及哀冲太子、庄敬太子。墓冢分为前后两排,前排两座,分别是马、杨二妃墓冢,后排三座,中间为阎、王二妃墓冢,左为哀冲太子,右为庄敬太子。

贤妃坟,位于四妃二太子墓之北250米处。墓主为世宗怀荣贤妃郑氏,嘉靖十五年(1536)葬入。

位于万贵妃坟东南750米处的银钱山东麓,有神宗朱翊钧的皇贵妃郑氏、李氏、顺妃李氏、昭妃刘氏、端妃周氏之墓。

太监王承恩墓位于崇祯帝思陵右前方。文献记载各异,从现有情况看,王承恩墓前立碑一通,螭首龟趺,篆额"御制旌忠",碑阳刻顺治二年(1645)十月清世祖御制文,碑阴刻:"原任总督天下各镇援兵都察京营戎政勇卫军门、掌御马监、司设监、巾帽局、宝和等店大庖厨印务,司礼监秉笔太监王承恩之墓。"

陵寝文化

清陵分东、西两制,尊卑有别。清东陵位于河北遵化市马兰峪,包括前圈和后龙两个部分,始建于顺治十八年(1661),直至光绪末年告成,历时二百余年。陵区内埋葬着五位皇帝、十四位皇后、一百三十六位嫔妃、一位阿哥。在风水红墙外,还埋葬着一位皇后、两位皇子、两位公主。共一百六十一人。在陵区的东西两侧,还建有宗室其他成员、朝廷近臣及皇室保姆陵园。

在顺治孝陵地宫,祔葬康熙生母孝章康皇后董佳氏及皇四子荣亲王生母孝献端敬皇后董鄂氏;在康熙景陵地宫,祔葬孝诚仁皇后赫舍里氏、孝昭仁皇后钮钴禄氏、孝懿仁皇后董佳氏、雍正生母孝恭仁皇后乌雅氏、敬敏皇贵妃章佳氏;在乾隆裕陵地宫,祔葬孝贤纯皇后福察氏、孝仪纯皇后魏佳氏、贤惠皇贵妃高氏、哲悯皇贵妃富察氏、淑佳皇贵妃金氏;在咸丰定陵地宫,祔葬孝德显皇后萨克达氏;在同治惠陵地宫,祔葬孝哲毅皇后阿鲁特氏。

在孝惠章皇后博尔济吉特氏孝东陵,还葬有顺治帝的七位妃子、四位福晋、十七位格格。

在康熙景陵附近,分别建有景陵皇贵妃寝园及景陵妃寝园各一座。在皇贵妃寝园内,葬有康熙悼怡皇贵、悫惠皇贵妃。在妃寝园内,葬四十九人,其中贵妃一人、妃十一人、嫔八人、贵人十人、常在九人、答应九人、阿哥一人。以上四十九人的墓冢，以左东右西之序排为七层，第一层二人，左为马贵人，右为僖嫔；第二层四人，自左而右（下同）分别为端嫔、定妃、熙嫔、良妃；第三层五人，分别为十八阿哥、成妃、襄嫔、宜妃、平妃；第四层七人，分别为纯裕勤妃、惠妃、温僖贵妃、顺懿密妃、慧妃、荣妃、宣妃；第五层十券葬九人，分别为尹贵人、谨嫔、空券、伊贵人、布贵人、新贵人、通嫔、穆嫔、色常在；第六层十一人，分别是文贵人、蓝贵人、常常在、瑞常在、袁常在、贵常在、徐常在、石常在、常贵人、勒贵人、寿常在；第七层十一人，分别为尹常在、路常在、妙常在、秀答应、庆答应、灵答应、春答应、晓答应、治答应、牛答应、双答应。陵寝官员为了防止在祭祀中出现差错，编歌谣以助熟记：

> 景妃园寝主位多，四十九位式如何？陵寝门内左右审，左马贵人右僖嫔。二层端嫔定妃位，西边熙嫔良妃对。十八阿哥三层东，紧挨成妃襄嫔官。西边宜妃平妃是，宝顶相连如雁翅。四层妃位更尊严，纯惠温顺慧荣宣。五层尹贵合谨嫔，相连空券十分准。六层文蓝二贵人，常瑞袁贵常在真。徐贵石常常勒贵，寿常杂券下相随。七层尹路常在共，妙秀庆灵号答应。西边春晓治牛双，五位答应紧靠墙。若能熟习此位歌，园寝奉祀不难说。

在裕陵妃寝园，葬有乾隆皇后、皇贵妃、妃、嫔、贵人、常在等后妃三十六人。在惠陵妃寝园，葬有同治皇贵妃四人。

黄花山位于清东陵陵区西侧，在山之西麓，建有六座寝园，自东而西，依次为顺治第四子荣亲王、康熙次子理密亲王允礽、顺治次子裕宪亲王福全、顺治第七子纯靖亲王隆禧、康熙长子直郡王允禔、康熙第十四子恂郡王胤禵。

朱华山位于黄花山西南，朱华山寝园葬乾隆七子一女。除葬端慧皇太子永琏外，其余为悼敏皇子永琮、九阿哥、十阿哥、十三阿哥永璟、十四阿哥永璐、十六阿哥以及乾隆第八公主。在端慧皇太子寝园之西，又建有贝勒永璂的寝园。

在东陵陵区之外,建有保姆寝园四座,她们分别是:奉圣夫人寝园、佑圣夫人寝园、保圣夫人瓜尔佳氏寝园等。另有公主寝园,位于马兰峪营房村北及许家峪村西,葬道光皇二子奕刚、皇三子奕继、端悯固伦公主。

清西陵位于河北易县永宁山下,始建于雍正八年(1730),直至民国四年(1915)完工,历时一百八十五年。陵区内埋葬着四位皇帝、九位皇后、五十七位嫔妃,以及公主、亲王、阿哥等七十六人。

在雍正泰陵地宫,祔葬孝敬宪皇后乌拉那拉氏及敦肃皇贵妃年氏。在道光慕陵地宫,祔葬孝穆成皇后钮钴禄氏、孝慎成皇后佟佳氏、孝全成皇后钮钴禄氏。在光绪崇陵地宫,葬有孝定景皇后叶赫那拉氏。在泰陵妃寝园,葬有皇贵妃一人、妃三人、嫔一人、贵人五人、常在七人、格格四人。在昌陵妃寝园,葬嘉庆妃嫔十八人。在光绪崇陵妃寝园,葬有瑾妃他他拉氏,及其亲妹妹珍妃他他拉氏。

第九章　帝陵石刻

《水经注》载,上古时期"五帝"之一尧的陵前和其母陵前,皆有石羊和石虎。《格致镜原》卷七引《洞微志》:"汴都之南百里有周公墓,前一石人,能作怪人。"又引《物原》云:"周宣王始置石鼓、石人、猊、虎、羊、马。"但这些记载仅仅只是传说,不足为信。

唐人封演《封氏闻见记》云:"秦汉以来帝王陵前有石麒麟、石辟邪、石象、石马之属,人臣墓前有石羊、石虎、石人、石柱之属,皆所以表饰坟垄如生前之仪卫耳,国朝因山为陵。"

《西京杂记》载:"五柞宫有五柞树,皆连三抱,上枝荫覆数十亩。其宫西有青梧观,观前有三梧桐树,树下有石麒麟二枚,刊其胁为文字,是秦始皇骊山墓上物也。头高一丈三尺,东边者前左脚折,折处有赤如血。父老谓其有神,皆含血属筋焉。"

考古资料表明,秦始皇陵所用石料皆从渭北甘泉山磨石岭采集而来,时人谓之"览石"。而在人臣墓前列置石刻,以实物相见,则始于西汉。

第一节　汉魏时期

截至目前,西汉诸陵尚未发现石刻遗存。

霍去病(前140—前117),西汉名将,十八岁随卫青出征匈奴,官至骠骑将军,封冠军侯。他先后六次出击匈奴,病逝时才二十四岁。出殡之日,帝命霍去病生前所有招降者身穿黑甲,排列成队,从长安城送葬至茂陵。

霍去病墓位于陕西兴平市南位镇道常村西北,西距茂陵约1公里。当年,汉武帝为了纪念霍去病的赫赫战功,特为他修建了这座象征祁连山的墓冢,并在墓前及墓上列置马踏匈奴、跃马、卧马、石人、伏虎、卧象、卧牛、人与熊、怪兽吞羊、野猪、鱼等大型石刻16件,其中"马踏匈奴"尤为著名。这些作品或圆雕,或浮雕,或线雕,造型浑厚,粗放豪迈,简练传神,是现存时代最早、保存完整的成组石雕。

霍去病墓石刻出自官府工匠之手,采用的石料质地坚硬,俗称"麻砂石"。

"马踏匈奴",通高 1.68 米,长 1.9 米,宽 0.48 米,类似真马体量。战马肌肉丰满,长尾迤地,昂首挺立,威风凛凛,蹄下所踏为一匈奴首领,蓬发长须,仰身于马腹下,头对马嘴,双腿上曲,手持弓箭,面目狰狞,一副垂死挣扎状,露出死难临头的神情。在马的腿、股、头和颈部凿刻了较深的阴线,使勇敢而忠实的战马跃然而出,一人一马,静中有动,高度地概括了霍去病戎马征战的丰功伟绩。

图 40　马踏匈奴　陈雪华 摄

跃马,通高 1.5 米,长 2.4 米,宽 0.85 米,双目圆睁,鼻孔扩张,嘴唇噏动,一副好欲嘶鸣状。前躯奋起,整个雕刻随形就势,线刻与圆雕并用。

卧马,通高 1.14 米,长 2.6 米,宽 0.73 米,全身平卧,前腿微屈,头部稍偏,注目前方,躯体强壮,神态悠然。

伏虎,通高 0.48 米,长 2 米,宽 0.6 米,头颅硕大,尾贴于背,选用极不规则的波浪起伏状石料,利用石块的自然粗糙面,运用线体相交的雕刻手法,表现虎性的威武凶猛。

东汉诸陵,墓前列置石刻成风。据文献记载,光武帝陵前原置石象、石虎、石羊、石马、石骆驼等。而在品官墓前多有石刻列置。据北魏郦道元《水经注》卷二十二记载："汉宏（弘）农太守张伯雅墓，茔域四周，垒石为垣……庚门，表二石阙，夹对石兽于阙下。冢前有石庙，列植三碑。碑云：'德，字伯雅，河南密人也。'碑侧树两石人，有数石柱，及诸石兽矣。旧引绥水，南入茔域，而为池沼。沼在丑地，皆蟾蜍吐水，石隍承溜。池之南，又建石楼。石庙前又翼列诸兽。"张伯雅，东汉弘农太守。弘农：古郡名，西汉元鼎三年（前114）置，治弘农县（今河南灵宝市北）。又，《水经注》卷二十四记载：睢阳县"城北五六里，便得汉太尉桥玄墓，冢东有庙，即曹氏孟德亲酹处……冢列数碑……庙南列二石柱，柱东有二石羊，羊北二石虎。庙前东北有二石驼。驼西北有二石马，皆高大，亦不甚凋毁"。桥玄（109—183），东汉时名臣，字公祖，梁国睢阳（今河南商丘市睢阳区）人。灵帝建宁三年（170），累迁司空，转司徒。光和元年（178），拜太尉。素与南阳太守陈球有矛盾，及在公位，荐球为廷尉。时人云其家无余财，死后无以殡葬。这些石刻基本分布在陵垣四门门外、墓旁祠庙前及墓前两旁。从此，也开创了我国帝王陵寝前设置纪念性群雕的时代。

1985年2月，安徽临泉县腰庄乡（今临泉县陶老乡）村民修路时，挖出一件石雕天禄，系整块青石雕凿而成，高1.17米，长1.82米。其状似虎、头类狮，头顶独角，类龙特状，若驰骏之鬃，力垂而下，昂首眈目，张口利牙，长尾锥地，若嘶啸状，线条流畅，极具神威，被定为国家一级文物。天禄，或作"天鹿"，皆与"天命"、"禄位"有关。

秦汉时期，墓志应运而生，目前发现最早的有秦劳役墓瓦志和东汉刑徒砖志。魏晋时期，朝廷禁止在墓地立碑，铭刻只能从地面转入地下。尤其是，曹操提倡薄葬，禁止为个人树碑立传，士大夫阶层遂将死者的生平及歌颂文辞镌刻于一较小的石面上随棺埋葬，后经出土，称之为墓志。文辞用语押韵的称"铭"，也称"墓志铭"。墓志分上下两层，上层刻有标题，称作"盖"，下层刻有墓志铭，称作"底"。墓志作为一种随葬物，在魏晋南北朝时期比较流行。墓志大多平放在墓室中，也有放置在墓门前的，还有的置于墓道中。

河南洛阳出土的汉延平元年（106）贾武仲妻马姜墓志，虽不自称为墓志，但所记的内容已与墓志相近。江苏邳县发掘的元嘉元年（151）缪宇墓后室石门上方所刻的题记，有官职姓名、死葬日期、韵语颂辞，实为后世墓志铭之滥觞。

通常情况下，南朝帝陵石刻是三种六件，依次为石兽（其中天禄、麒麟各一）一对，石柱一对，石碑一对。王侯陵墓则为石狮一对，石柱一对，石碑一对。也有竖碑两对的，如梁文帝萧顺之第七子、梁武帝萧衍之弟、安成郡王萧秀墓，以及梁文帝萧顺之第十一子、梁武帝萧衍之弟、始兴忠武王萧憺墓便是。

在南朝帝后陵的石刻中，石兽有一个共同的规律，即帝后墓前的均带角，有双角者为天禄，有单角者为麒麟，而王侯墓前的石兽均无角，称之为辟邪。

南朝神道石柱由三部分组成：上为莲花座柱首圆盖，上立一小石兽，状如辟邪；中为圆形柱身，上刻瓜棱直线条纹，通常是24至28条，在柱身的上端嵌一长方形石碑，书有"墓主人某某之神道"等字样，一为正书，一为反书。或均为正书，或均为反书。在石柱上神道碑的下方装饰一块大小须与石柱直径相同的一块方石，谓之石板。上刻怪兽三只，在方石下再一圈绳辫形的围带，其下再刻一圈双龙交首的纹饰围带。下为柱础，上层雕刻含珠翼兽一对，下层为方石，四面均为动物浮雕图案。

在南朝帝陵及追封的帝陵中，尚存石刻28件。其中，宋武帝初宁陵（在今南京麒麟门外）石兽2件，部分残损。南朝齐梁帝陵分布于今江苏丹阳市境内。齐高帝泰安陵石兽2件，左兽头残缺，右兽完好无损。齐武帝景安陵石兽2件，左兽四足俱残，右兽完好无损。齐景帝（追封）萧道生修安陵石兽2件，分布在神道两侧，东为天禄，西为麒麟。天禄体长3米，高2.75米，颈高1.54米，体围2.52米，头上有双角，已经残断。麒麟体长2.9米，高2.42米，颈高1.38米，体围2.4米，头上有独角，角上缀满鳞纹。两兽均突胸耸腰，张口瞋目，其状如跌。两兽头部均略向外。天禄左足在前，麒麟右足在前，足爪下踩一小兽，兽尾曳地，天禄尾回折左，麒麟尾回折右。天禄及麒麟肋部雕双翼，双翼雕刻卷云纹细鳞等。鳞上缀花一朵颔下长须呈蔓草状。

齐明帝萧鸾兴安陵坐西向东，陵丘已被荡平。现存石兽两件，分布在神道两侧，南侧为麒麟，北侧为天禄。部分被掩埋于土中。麒麟为公兽，四足残

损,体长三点零二米,残高 2.7 米,颈高 1.35 米,体围 2.78 米,仰首垂身,头有
独角,已残,颔下长须,翼状与胸毛浑然一体,秀美多姿。脊骨隆起,雕连珠贯
于麒麟首尾。

图41　齐明帝兴安陵石麒麟　陈雪华 摄

　　梁文帝(追封)萧顺之建陵坐西向东,陵丘已平。陵前有石刻,列置于神
道两侧。石柱 1 对,龟趺座 1 对,石兽 1 对,南列麒麟,北列天禄。麒麟体长
3.05米,残高 2 米,颈高 1.25 米,体围 2.7 米,头上有独角,角已残损。天禄体
长 3.1 米,残高 2.3 米,颈高 1 米,体围 2.76 米,头有双角,已毁。均为牡兽。
两兽昂首挺胸,四足俱失。麒麟上颚残损,颔下长须,垂至胸际。翼饰细鳞,
中饰小花五瓣,雕连珠贯于麒麟首尾。石柱柱身瓦楞纹状。北柱倾圮,南柱
尚存,但已裂一为二。柱上有石额,额上有字,隶体,上书"太祖文皇帝之神
道"。柱础上圆下方,环饰螭龙,头有双角,四足,口内衔珠。柱顶加覆莲纹圆
盖,盖上蹲一小型石兽(现已不知所去)。北侧石柱柱额反书"太祖文皇帝之
神道"。柱后有碑一对,龟趺。南朝诸陵均已不存,其形状应与萧梁王侯墓碑
相同。

图 42　梁文帝建陵石麒麟　陈雪华 摄

　　陈武帝陈霸先万安陵（在今南京江宁区）的石刻，头上无角有鬃，像麒麟，又像狮子。位于神道北侧的石兽体长 2.5 米，高 2.57 米，颈高 1.33 米，体围 2.43米。南侧石兽体长 2.72 米，高 2.28 米，颈高 1.05 米，体围 2.56 米，颈部断裂，胸部碎裂，为当年日本侵略军侵占南京时打靶所致。两兽昂首挺胸，体态雄健。

　　梁武帝萧衍修陵，坐西向东，陵前有石刻，分布于神道两侧。麒麟居南，天禄居北。麒麟体长 3.15 米，高 2.8 米，外侧前肢在后，内侧前肢伸前，体型及颈部变短，四肢粗壮，体态接近狮子。颔下长须一改萧齐表现形式，继承了刘宋初宁陵的表现手法，分左右各三根下垂，主要体现的是一种静态。天禄体长 3.1 米，高 2.8 米，颈高 1.45 米，体围 2.35 米。昂首挺胸，欲进而罢，头有双角，两角中部起节。颔下长须飘卷，垂至胸际，体有双翼，翼面有雕饰，前螺纹，后翎羽，足有五爪，下踩小兽。

　　在陈文帝陈蒨永宁陵，坐北向南，地表封土已平。神道有石刻，列置于神道两侧。东为天禄，双角，体长 3.11 米，高 3 米，西为麒麟，独角，体长 3.19 米，高 3.13 米。外肢前伸,头上有角,头大角粗,颈部几乎消失,四肢粗壮,爪端上翘。在双翼前端及腰部的羽毛饰以云气纹。

第二节 唐宋时期

唐陵神道上的石刻组合,自高宗乾陵始为定制。每座帝陵除蕃酋石像外,有石柱一对、翼马一对、鸵鸟(或朱雀)一对、仗马及牵马人各五对、石人十对、四门石狮各一对。部分唐陵北门尚有仗马及牵马人三对。

石柱,或称石望柱、神道柱、表、标或碣。陵前列置石柱始于战国时期的燕昭王陵墓。东汉前多为木制,东汉时改木为石。汉代称"桓表",亦称"桓楹",陈、宋间讹"桓"为"和",江左云为"华表"。其制以大版贯柱四出。最早用于交通标志,置于亭邮、浮梁、城门及宫殿之前,又可作为界标使用。李贤注《后汉书·中山简王焉传》云:"墓前于道建石柱以为标,谓之神道。"自南朝之后用于帝王陵墓,主要是对帝陵起到标设作用,当人们看到石柱时,就知道了帝陵神道的起点。

关于石柱的形制,汉代柱身为圆形,且有题额的垂直瓜棱纹,在其两端各有一道绳辫纹带,柱顶为圆雕狮头。石兽之下为莲花纹盖盘。南朝与其接近,但明显地反映出了受波斯和印度文化的影响。

唐自乾陵始,诸陵石柱形制相近,均由柱座、柱身、柱盘及柱顶组成。柱身皆为八棱形状。柱头由石兽变为宝珠。在柱座、柱身及柱顶台盘相接处各浮雕仰、覆莲一周,柱身各棱面改垂直瓜棱纹为线刻蔓草花纹。这些变化有可能是受到佛教文化的影响。

翼马,即指传说中"从西极,陟流沙"而来的"天马",也有学者认为是"龙马"、"飞龙"。屈原《离骚》云:"为余驾飞龙兮,杂瑶象以为车。"相传此马产于马成山,此山盛产金、玉。翼马头上有角,两胁有翼,翼上刻有忍冬花纹,可凭借翅膀而天上人间。在汉代,曾称西域及中亚地区的良马为"天马"。自晋以来,天马被视为祥瑞的化身,以示明君盛世。陵墓前置翼马始于唐乾陵,并于腹下雕刻云柱。翼马作为外交活动的纪念物,最终形成了盛唐时期文化"一体两翼"的格局。即以中国文化为"一体",以西方国家文化及周边民族文化

图 43　唐宣宗贞陵神道东侧石柱　党明放 摄

为"两翼"。

　　鸵鸟,中古波斯语 ush-tur murgh,即骆驼鸟。初称大鸟、大马爵、大雀,或鸾鸟。鸵鸟头小眼大,颈长毛松,通高 2.70 米左右,体重可达 150 公斤,奔跑时速可达 60 公里。原产中、西亚和非洲气候干燥的沙漠地带。地质时代,我国北方地区就有鸵鸟分布,后因自然环境的变化,鸵鸟逐渐消失。《魏书》卷一○二《西域传传》中记载波斯国有"鸟形如橐驼,有两翼,飞而不能高,食草与肉,亦能啖火"。《册府元龟》卷九百七十记其"高七尺,足如驼,有翅而能飞,行日三五百里,能啖铜铁,夷俗呼为驼鸟。"《山海经》卷二载:"西南三百里,曰女床之山,其阳多赤铜,其阴多石涅,其兽多虎豹犀兕。有鸟焉,其状如翟而五彩纹,名曰鸾鸟。"鸵鸟作为异邦神鸟,有"见者天下安宁"、"至者国家

图44 唐肃宗建陵神道西侧翼马 陈雪华 摄

安乐"之意,是中外友好和文化交流的象征。李白《秋浦歌》诗云:"秋浦锦驼鸟,人间天上稀。山鸡羞渌水,不敢照衽衣。"《旧唐书》中就有关于波斯、吐火罗等国向长安进献鸵鸟的记载。永徽元年(650)五月,唐高宗曾把吐火罗国进贡的鸵鸟献于昭陵。他认为只有祥鸟才有资格供奉皇帝,充分体现出高宗对其父皇的仁爱和仁孝。

马是神速和力量的象征。仗马是宫廷仪仗重要的组成部分。《史记》卷三十《平准书》载:"天用莫如龙,地用莫如马。"就是说,行天莫如龙,行地莫如马。《后汉书》卷二十四《马援列传》载:"马者甲兵之本,国之大用。安宁则以别尊卑之序,有变则以济远近之难。昔有骐骥,一日千里,伯乐见之,昭然不惑。"商周时期,就有以活马真车为死者殉葬的习俗,后以车马俑取而代之。墓前最早列置石马,当属西汉霍去病墓。帝陵列置石马,有可能始于东汉光武帝刘秀原陵。唐陵除献陵外,诸陵均置仗马及驭手,宋明清沿袭,但其仗马数量、马饰及驭手则有所不同。帝陵神道置仗马象征朝廷大朝会的仪卫。

《唐会要》卷七十二《京城诸军》载:

陵寝文化

图 45　唐肃宗建陵神道西侧鸵鸟　党明放 摄

　　贞观二十一年八月十七日，骨利干遣使朝贡，献良马百匹，其中十四尤骏。太宗奇之，各为制名，号曰十骥。其一曰腾云白，二曰皎雪骢，三曰凝露白，四曰元光骢，五曰决波瑜，六曰飞霞骠，七曰发电赤，八曰流金𬳿，九曰翔麟紫，十曰奔虹赤。上乃叙其事曰：骨利干献马十四，特异常伦。观其骨大丛粗，鬣高意阔，眼如悬镜，头若侧砖，腿像鹿而差圆，颈比凤而增细。后桥之下，促骨起而成峰；侧鞯之间，长筋密而如瓣……

　　神道仗马置数为十，可能与"十骥"传说有关。

　　唐长安城历来就有北门屯军的传统。北门置仗马，犹如禁苑北门的飞骑。仗马取数为六，似与汉魏以来"天子驾六"制度有关。杜佑《通典》卷六十四云："昔人皇氏乘云驾六羽，出谷口，或云祇车也。"杜牧《长安晴望》诗云："翠屏山对凤城开，碧落摇光霁后来；回识六龙巡幸处，飞烟闲绕望春台。"

　　帝陵列置石人以北魏孝宣帝景陵和西魏文帝永陵为最早。唐陵列置石人始于乾陵，位于仗马之北。《唐会要》卷二十五《文武百官朝拜谒班序》载："文武官行立班序，通乾观象门外序班，武次于文，至宣政门。文由东门而入，武由西门而入,至阁门亦如之。其退朝,并从宣政西门而出。"帝陵列置石人所体现的正是宫廷仪规。

图46 唐玄宗泰陵神道东侧石人 党明放 摄 图47 唐玄宗泰陵神道西侧石人 党明放 摄

自玄宗泰陵始,唐陵的石人有文臣、武将之分:文臣头戴高山冠,身着广袖大袍,手持笏板;武将头戴鹖冠,身着裲裆,双手挂剑。帝陵列置的石人有十对,与唐朝"朝日"的礼仪相吻合,但其造型和体量存在着很大的差异。

帝陵列置石人取数为二十,似与当时的仪制有关。唐初,天子庙社门、宫殿门每门各列二十四戟。玄宗开元六年(718),改天子庙社门、宫殿门每门各列二十戟。二十当为最高皇宫仪卫。

狮子古称狻麂,或狻猊。《尔雅》云:"狻猊如虦猫,食虎豹。"并注"即狮子也,出西域。"《穆天子传》:"狻猊日走五百里。"狮子原产非洲和西亚,当地人视狮子为神兽。在古代神话中,埃及曾将狮子用作圣地的守卫。东汉时,域外将其作为贡品运送到中国。自东汉以来,就有以狮子或狮形石兽装饰陵寝。陵前置石狮以示皇权至上。

自乾陵开始，以后诸陵四门各置石狮一对，左牡右牝。牡狮卷鬣闭口，牝狮披鬣张口。石狮雄踞陵前，威视神道，给陵园增添了神圣、威严、凛然不可侵犯的气氛，从而渲染帝陵的威势和大唐帝国的强盛。

犀牛属嘉瑞动物，曾被古人视作神兽。汉唐时期，西域、南亚和东亚地区的国家曾将犀牛作为贡品献于中国。晋人刘欣期《交州记》云："犀角通天，向水辄开。"郭璞注《尔雅》："犀形似水牛，猪头，大腹卑脚，脚有三蹄。"纵观华夏历史，历代统治者无一不重视犀牛。殷周时期，以铜铸犀牛为重器。西汉薄太后薨后，曾以活犀牛殉葬。

獬豸，也称解廌、解豸，或直辨兽、触邪，俗称独角兽，是中国传说中的上古神兽。体形大者如牛，小者如羊，类似麒麟，全身长着浓密黝黑的毛，双目明亮有神，额上通常长一角。考古发现，在秦代之前的文物中，獬豸通常是一角羊的造型，牛形獬豸出现在东汉之后。东汉杨孚《异物志》载："性别曲直。见人斗，触不直者。闻人争，咋不正者。"东汉王充《论衡》："一角之羊也，性知有罪。皋陶治狱，其罪疑者，令羊触之，有罪则触，无罪则不触。故皋陶敬羊。"皋陶被奉为中国司法鼻祖，决讼果敢，执法公正，遇到曲直难断的情况，便放出独角神羊，即獬豸，依据獬豸是否顶触嫌疑犯来判定是否有罪。帝陵列置獬豸，具有知曲直，公平正义的含义。

作为中国传统法律的象征，獬豸一直受到历朝的推崇。相传在春秋战国时期，楚文王曾获一獬豸，照其形制成冠戴于头上，于是上行下效，獬豸冠在楚国一时成为时尚。秦代执法御史也带着这种冠，汉承秦制。到了东汉时期，皋陶像与獬豸图成了衙门中不可缺少的饰品，廷尉、御史等都带獬豸冠。而獬豸冠则被冠以法冠之名，法官也因此被称为獬豸。到了清代，御史和按察使等监察司法官员都一律戴獬豸冠，穿绣有"獬豸"图案的补服。

獬豸形象是蒙昧时代以神判法的遗迹。獬豸与法的不解之结，还可从古代"法"字的结构得到解答，古体的"法"字写作"灋"，而"廌"即为"獬豸"，"廌法"二字合为一体，取其公正不阿之意，所以从水，取法平如水之意。清人孙楷《秦会要订补》卷十四记载："侍御史冠獬豸冠。"《隋书·礼仪志》载："法冠，

图 48　唐睿宗桥陵神道东侧獬豸　陈雪华 摄

一名獬豸冠,铁为柱,其上施珠两枚,为獬豸角形。法官服之。"庾信《正旦上司宪府》中有"苍鹰下狱吏,獬豸饰刑官"之句,唐人岑参《送韦侍御归京》亦有"闻欲朝龙阙,应须拂豸冠"之句。獬豸不仅是执法公正的化身,而且还是完美骑士的代表。在唐陵中,石獬豸仅见于唐睿宗桥陵。

虎为百兽之王。臣墓前置石虎最早见于西汉霍去病墓和张骞墓。南朝梁任昉《述异记》卷上载:"汉中山有虎生角,道家云,虎千年则牙蜕而生角。"事实上,汉魏两晋南北朝陵前的天禄和辟邪就是以虎为主体,或是以狮虎相结合营造而成的神化动物。东汉应劭《风俗通义》载:"罔象畏虎与柏,故墓前立虎与柏。"

近年来,考古工作者先后在乾陵北门东侧及定陵北门东侧发掘出小石虎各一尊,在定陵的石虎旁还有一尊驯虎人。

献陵是唐高祖李渊的陵园,位于陕西三原县徐木原上。神道两侧原有石柱一对,石犀一对,四门外各置石虎一对。

石柱位于石虎南 380 米处,列置于神道两侧,间隔 39.5 米。东柱通高

7.23 米,方形石座,四面线刻花纹,座上环雕螭龙,首尾衔接。柱身为八棱面,面宽 0.45 米,向上收刹,均线刻蔓草花纹,柱盖为八棱形,盖上蹲踞一圆雕狻猊,高约 0.9 米,前肢挺拔,昂首挺胸,保存较好。西柱埋于地下。

石犀位于石柱北约 70 米处,东西对列。1960 年,东侧石犀迁展于西安碑林博物馆。石犀与石座由一巨石雕成,石座长 2.46 米,宽 1.27 米,厚 0.24 米。石犀体长 3.35 米,高 2.12 米,重约 10 吨。在右前足下刻有"□(高)祖怀□(远)之德"六字。体型硕大,浑圆有力,瞋目闭口,牛鼻独角,遍体麟纹,谓之"皮有珠甲"。

大唐开国君主李渊的祖父名虎,故唐初讳虎为武。加之李渊又标榜自己承继"祖德",所以年号武德,实为"虎德"。高祖驾崩,葬献陵,故以石虎做献陵门兽。

献陵神道西侧石虎体长 2.48 米,高 1.7 米,胸宽 0.85 米,石座长 2.34 米,宽 1.14 米,厚 0.25 米,完好无损,1959 年迁展西安碑林博物馆。东侧石虎颈下刻有铭文:"武德拾年九月十一日石匠小汤二记。"东门仅存一尊石虎,西门存两尊,形制相同,体长 2.38—2.6 米,高约 1.8 米,胸宽约 1 米,头大,颈短,背平,尾垂,身躯圆浑,腹下镂空,四足与石座相连,造型凶悍,令人望而生畏。

图 49　唐高祖献陵神道东侧石虎　陈雪华 摄

据当地人讲,在东侧石犀之北,原有石人三尊,通高 2.2 米,长袍,持笏,惜已不存。

　　昭陵是唐太宗李世民与文德皇后长孙氏的合葬墓,坐落在陕西礼泉县九嵕山主峰。主要石刻有:昭陵六骏及蕃酋长石像十四尊,均分布在昭陵陵山北司马门内。另有走狮一对,位于昭陵西南十八里处的瑶台寺,究竟是瑶台寺的物件,还是陵、寺二者兼有,目前尚无定论。

　　"昭陵六骏"是唐太宗李世民在初唐征战中所乘的六匹战马的写实性石雕。除两骏流落美国费城宾夕法尼亚大学博物馆外,其余四骏现存西安碑林博物馆。

　　贞观十年(636)十一月初四,安厝文德皇后于九嵕山后,李世民为了彰显其横扫群雄的绝世武功,就所乘六匹战马形象,诏令阎立德、阎立本兄弟绘制,自己亲撰铭赞,欧阳询书丹,并由工匠镌刻。

　　昭陵六骏采用高肉浮雕手法,线条流畅,刀工精细,分别雕刻在六块纵2.5米,横3米的石屏上。在雕刻中,尤其突出了六匹战马的不同性格以及在战阵中的不同遭遇。六骏雕成之后,置于昭陵陵山北阙——北司马门内寝殿前的白石台阶上,后代整修时,将其移置于东、西两庑之中,特勒骠、青骓、什伐赤被置于东庑,飒露紫、拳毛䯄、白蹄乌被置于西庑。昭陵六骏属于门仗之马,含有纪念和警示之意。

　　1914年,古董商卢芹斋以12.5万美元将六骏中的"飒露紫"、"拳毛䯄"盗卖,被打碎装箱盗运到美国,其余四骏也曾被打碎装箱,但在盗运过程中被截获。

　　特勒骠,为李世民于武德二年(619)至武德三年(620)在马邑(今山西朔县)与宋金刚作战时所乘,白喙微黑,毛色黄里透白。"特勒"是突厥族的官职名称,"特勒骠"也可能是突厥族某特勒所赠。李世民的题赞是:"应策腾空,承声半汉。入险摧敌,乘危济难。"现陈列在西安碑林博物馆。

　　青骓,为李世民平定窦建德时所乘,苍白杂色,前中一箭。李世民的题赞是:"足轻电影,神发天机。策兹飞练,定我戎衣。"现陈列在西安碑林博物馆。

　　什伐赤,为李世民攻打王世充时所乘。"什伐"是波斯语"马"的音译,纯赤色,也是李世民的坐骑。前中一箭,背中一箭。李世民的题赞是:"瀍涧未静,斧钺伸威。朱汗骋足,青旌凯归。"现陈列在西安碑林博物馆。

　　飒露紫,为李世民平定东都击败王世充时所乘。色如紫燕,前胸中一箭,正在为战马拨箭的人叫丘行恭。李世民的题赞是:"紫燕超跃,骨腾神骏。气詟三川,威凌八阵。"现藏美国费城宾夕法尼亚大学博物馆。

图50　昭陵六骏之飒露紫　陈雪华 摄

　　拳毛騧,为李世民平定刘黑闼时所乘。黄色黑嘴,体有旋毛,矫健,善奔,为唐州都督洛仁所献,曾以洛仁为马名"洛仁騧"。初,李世民因此马相不佳,弃之不用。后在李勣的游说下,李世民乘此马平定刘黑闼,竟前中六箭,背中两箭而不倒。李世民回师长安后,竟封此马为平北将军。拳毛騧死后葬五峰山,李世民的题赞是:"月精按辔,天驷横行。孤矢载戢,氛埃廓清。"现藏美国费城宾夕法尼亚大学博物馆。

　　白蹄乌,为李世民于武德元年(618)在浅水原(今陕西长武县东北)平定薛仁杲时所乘。毛色纯黑,四蹄俱白,昂首怒目,鬃鬣迎风,呈疾驰之状。李世民的题赞是:"倚天长剑,追风骏足。耸辔平陇,回鞍定蜀。"现陈列在西安碑林博物馆。

永徽年间,高宗下诏为昭陵刻制十四国藩王酋长石像。《唐会要》卷二十《陵议》载:

> 上欲阐扬先帝徽烈,乃令匠人琢石写诸藩君长、贞观中擒伏归化者形状,而刻其官名:突厥颉利可汗右卫大将军阿史那出苾、突厥颉利可汗右卫大将军阿史那什钵苾、突厥乙弥泥孰候利苾可汗右武卫大将军阿史那李思摩、突厥都布可汗右卫大将军阿史那社尔、薛延陀真珠毗伽可汗、吐蕃赞普、新罗乐浪郡王金贞德、吐谷浑河源郡王乌地也拔勒豆可汗、慕容诺曷钵、龟兹王诃黎布失毕、于阗王伏闍信焉耆王龙突骑支、高昌王左武卫将军曲智盛、林邑王范头黎、帝那伏帝国王阿罗那顺等十四人,列于陵司马北门内,九嵕山之阴,以旌武功。

昭陵十四国藩王酋长石刻像代表着十一个民族十四个国家。他们中,有的是被擒获的,有的是归顺的,有的是通好的。李世民不但未杀他们,有的反而还封官送还,让其继续统治自己的民族。这不仅体现了唐朝跟邻邦之间的友好关系,更体现了李世民开拓中西交流,反对外来侵略,志在实行国家统一的功绩。由此,很快就出现了安定团结、邻邦友好、国家统一的局面,促进了国家与国家、民族与民族之间的政治、经济和文化大交流、大融合及大发展。

乾陵是高宗和武则天的合葬陵墓,坐落在陕西乾县梁山主峰。其石刻体量硕大,雕刻精致,数量之多,种类之繁,被誉为"露天石雕博物馆"、文物界的"三峡工程"。这批文物代表了唐代高度发展的文化和石刻艺术,堪称我国古代雕刻艺术的瑰宝。现存石刻124件,其中司马道共99件,以乳峰双阙间为起点,分东、西两边依次向北排列,两者相距约25米。其中主要有:

石柱一对,分别位于乾陵第二道天然门内。乾陵东侧石柱通高7.67米,柱身通高5.73米,底部棱面宽0.49米,柱顶通高1.2米。西侧石柱通高7.47米,柱身通高5.68米,底部棱面宽0.46米,柱顶通高1.07米。每座石柱重约40吨,由础座、柱身和柱头三部分组成。覆莲十六瓣座,八棱柱身,柱身向上

图 51　唐太宗昭陵十四蕃君之三(背面)　李浪涛 摄

斜收,棱面最宽处 0.49 米。柱身上下交接处均雕有莲瓣,每个棱面都刻有精致的蔓草海石榴纹饰。仰莲托火珠顶,础座为方形,代表大地;柱头为圆球形,代表苍天;中间的八棱柱身代表八卦所表示的八个方位。整个造型具有典型的中国民族传统的雕刻风格,体现了唐人"天圆地方"的宇宙观念。

翼马一对,分别位于石柱北约 30 米处。两马相对,东西相距 25 米,均用巨型墨玉石雕琢而成,属于典型的波斯马体态,昂首突目,姿态骏逸,大有腾云驾雾之势,给人一种望而生畏的感觉,带有犍陀罗式雕刻风格。西侧马高 3.45 米,长 3.53 米,重约 40 吨,头上有角,直刺当空。两侧翼面重叠涡卷,棱线分明。东侧翼马圆润细腻,马面的花纹以流畅的涡线弧面构成,手法柔和,刀法洗练,属于典型的阿旃陀石刻风格。础座共有三层,最上层东西长 3.02 米,南北宽 1.22 米,高 0.24 米;中间东西长 3.31 米,南北宽 1.45 米,高 0.57 米;最下层多半已被埋入地下。在翼马石座的两侧分别线刻着精致的行龙图、狮象图和双狮豸图。

鸵鸟一对,分别位于翼马北 23.6 米处,为镂空半立体浮雕。两鸟各雕在高 2.08—2.26 米,宽 1.64—1.72 米,厚 0.36—0.38 米,重约 9.60—9.80 吨的石屏上。鸟高 1.73—1.76 米,宽 1.32—1.38 米,厚 0.40—0.42 米。鸟作行进状,羽毛丰满,生动自然。两鸟各损折一腿。为了突出鸵鸟在空间中的质感,在雕刻中有意将鸵鸟的一只腿雕成圆锥形,并使之与身体的浮雕部分连为一体,充分显示出了工匠的聪明智慧。

武则天曾视鸵鸟为"圣君世"、"祥瑞出"的珍禽。在唐陵石刻群中,鸵鸟皆为高浮雕,并将其设计成足踏仙山的姿态。鸵鸟与翼马、犀牛皆表现"怀远",它们在神道前共同构成一个出行的祥瑞组合。

仗马及牵马人五对,分别位于鸵鸟之北 18.50 米处,且依次向北排列,每对相距约 18 米。除西列南数第四匹完整外,其余皆残缺,尚有一马下落不明。完整仗马高 1.95 米,长 2.60 米,宽 0.94 米。马嘴衔镳,背披鞍袱,置鞍镫,蹄与石座相连。牵马石人立于马头之北,两边残存各三尊(均缺头),身着紧袖武士服,着束带靴,双手置于胸前作牵缰状。

石人十对,分别位于仗马之北 17.70 米处,且依次向北,每对相距约 18.50 米,皆圆雕,为高宗葬礼的仪仗队。身高 3.75—4.16 米,胸宽 1.00—1.32 米,侧厚 0.64—0.90 米。石人皆高额粗颈,雍容大方,戴冠束带,宽袍广袖,双手握剑,并足恭立,面目表情富有生气,神态各异,气宇森然。与彬县大佛寺和云冈的石刻同属一个体系,具有明显的阿旃陀石刻风格特点。

述圣纪碑一通,位于石人北 17.40 米处,朱雀门西阙楼之前 21.60 米处。与无字碑东西对称,两者相距 61.60 米。碑身通高 6.78 米,碑身断面呈方形,边长 1.86 米,碑座长宽均为 2.97 米,裸露地面 0.38 米,总重约 89.60 吨。其碑身由七块巨石组合而成:碑身为五块,有榫扣接;碑顶一块,庑殿式顶盖;下方西南和东南角各雕刻一蹲踞力士。碑座一块,雕有狮豸及蔓草花纹。当地人称之为"七节碑"。其节数取自于"七曜",即日、月、金、木、水、火、土,意为唐高宗"文治武功"如七曜光照天下。

《来斋金石刻考略》载,述圣纪碑碑文为武则天亲撰,中宗李显书丹。碑

图 52　唐高宗乾陵神道东侧仗马　陈雪华 摄

文原刻 46 行,竖行,每行 120 字,约 5600 字,今存 1600 余字。文字初刻时填以金屑,金光闪闪,据说这样做的目的是为了光耀千秋。由于年代久远,除碑身第一石无字、第四石剥蚀外,第二、三、五石阳面阴刻。原碑已仆倒,1957 年扶复原位。内容主要叙述高宗李治的生平史略。从现存文字可以看出以下几点:

一、高祖李渊顺天应时,叛隋兴唐;二、太宗李世民平定战乱,奠定贞观盛世之基业;三、皇后怀高祖时有吉祥之兆;四、高宗李治被立为皇太子之原因;五、叙述太宗对外战败后诏令高宗总知军国事;六、太宗患病后对高宗孝行嘉奖;七、太宗驾崩;八、高宗在位时之文治武功;九、高宗老来企求长生不老之术;十、高宗驾崩;十一、高宗遗嘱。

述圣纪碑具有很高的历史价值和艺术价值,现已得到了妥善的保护。

无字碑一通,位于石人北 17.40 米处,朱雀门东阙楼之前 21.60 米处。在历史上,于帝王陵墓前立无字碑当以乾陵为最早。碑身由一块完整的巨石雕成,通高 8.03 米,碑高 6.54 米,宽 2.10 米,厚 1.49 米,座东西长 3.38 米,南北宽 2.46 米,高 1.49 米,裸露地面 1.07 米,总重约 98.84 吨。碑首刻有八条绕

图 53　唐乾陵神道西侧述圣纪碑　党明放 摄

缠的螭龙，螭龙嘴微开下垂，鳞躯浑圆，似龙在天，神气荡然。左右龙爪相托
形成圭形碑额。碑身两侧线雕大云龙纹，谓之升龙图，意即皇帝功高德大。
龙高 4.12 米，宽 1.19 米。龙头双角分开，后饰须发，凤目圆睛，张口吐舌，獠
牙上弯；龙颈饰几何图案并珍珠；龙肩饰双条飘带；龙躯蜿蜒腾越，背有长鳍
至尾，以脊骨相间。前左爪扬伸头后，前右爪向下反撑；后左爪上托，后右爪
下蹬，锋劲尖利，气势夺人。腿有须毛，尾呈 S 形从内侧绕过后右腿置于身体
下方。四周均雕刻立式如意云头。升龙图可能与乾卦"九五"爻有关。《易
经·乾卦》："九五，飞龙在天，利见大人。"释曰："飞龙在天，上治也。"龙飞上
天，位居正中，有君德有君位，有国家有天下，是最高的统治者。后以"九五"
之象借指帝王。这块无字碑上的升龙图，正是飞龙在天刹那间最生动最传神

的写照,具有帝王至尊的意义。蚨座阳面正中线刻狮马图,长 2.14 米,宽 0.66 米。图中雄狮昂首挺立,神态威严。而马俯首屈蹄,安然就食。整个无字碑浑然一体,不愧为历代群碑之冠。

图 54 唐乾陵神道东侧无字碑 陈雪华 摄

无字碑因其无"字"而著称。千百年来,猜测纷纭,主要有:"德大说"、"自惭说"、"称谓说"、"非碑说"及"遗言说"五种。其实,在无字碑的阳面,自上而下布满了 4.5 厘米见方的格子,每行 44 格,共 95 行,根据留在碑面上的方格计算,碑文约 4200 字。至于为何没刻,想必是有个中原因的。

宋、金、元及后游人吟咏诗篇刊刻其上。题刻者凡 39 人,共计 42 段。其中:阳面 33 段,阴面 9 段,起于宋,终于明。最早的一段题刻是北宋崇宁二年(1103),内容为:"开封王谷正叔按行边部,南还京兆,道经奉天,同邑尉李定、应之恭拜乾陵。时男仅从行。崇宁癸未季冬初八日题。"最晚的一段题刻是崇祯六年(1633),内容为:"成都范文光仲阊,居邻五载,数登乾陵。崇祯六年上巳,复同侄萃华、彬友秦廷辅、赵衍基,乾友张吾智、马以恕来游。"明以后该碑仆倒。

该碑题词分记游题词和抒怀题词两大类。就其书法艺术而言,真、草、隶、篆、行诸体皆备,字体端秀,章法严谨,笔力险峻,超神入妙。抒怀类最珍贵的当为刊刻在碑阳正中的《大金皇弟都统经略郎君行记》,用女真文写成,共 5 行,旁有汉字译文,内容为金天会十二年(1124)重修乾陵殿庑的记载,周围有 6.2 厘米宽的线刻蔓草纹饰及飞狮图案组成的边框,高 1.42 米,宽 0.92 米,俨然是一块碑中之"碑",而且居碑正面最显著的位置,从而反映出刊刻者的不同凡响。

在题刻上部正中间是十二个阴文篆书汉字:"大金皇弟都统经略郎君行记",分三行竖刻,每行四字,正文右边五行是女真文字,左边是 84 个汉字楷书译文,后面还有随行官员及书丹者的姓名。全部译文如下:"大金皇弟都统经略郎君响臣,疆场无事,猎于梁山之阳。至唐乾陵,殿庑颓然,一无所睹。鸠命有司,爰工修饰,今复谒陵下,绘像一新,回廊四起,不胜欣怿,与醴阳太守醋饮而归,时天会十二年岁次甲寅仲冬十有四日。尚书职方郎中黄应期、宥州刺史王圭从行,奉命题。右译前言。"

1995 年秋,陕西考古研究所对碑亭遗址进行了发掘。无字碑亭为一面阔 15.80 米,进深 15.55 米的九间方形碑亭。台上四周共有柱础 12 个,柱础为 0.06—0.07 米见方的青石,个别柱础中心还有榫眼。在碑亭的四周有宽 1.45 米的砖砌散水,在散水的外沿将砖斜竖露出砖角,以防散水松动外移。

关于"无字碑"碑石的来源,《长安志图》和《金石粹编》均说"于阗国贡者"。于阗,即今新疆和田。试想,远在千里之外,给大周王朝贡上一块百吨巨石,确实值得怀疑。事实上,乾陵地面上所有石刻都是就地取材,在陵区西乳峰之南崖断面上有取材加工的遗迹。经化验,石刻的质地和此地山石的质地相同。

据考证,唐代帝陵向无立碑之礼。所以,乾陵的"无字碑"和"述圣纪碑"

都不是碑。确切地说,"无字碑"是"祖","述圣纪碑"是"社"。"无字碑"是唐朝皇帝的祖宗牌位,"祖"代表"宗庙",所以,不写文字。又因为"无字碑"在左,"述圣纪碑"在右,与古代"左祖右社"相符合。

蕃臣像六十尊,分别位于朱雀门东、西阙楼之北,皆为圆雕。原置六十四尊,现存六十尊,其中东列实有石像二十九尊,内五尊残缺较甚;西列实有石像三十一尊(按:另有底座一件,上无石像。误为三十二尊),均分四行排列。在这些石像中,除两尊头部残存外,其余均已缺头。尚残存头部者为高鼻、深目形象。初为两个侧殿,东西相对,石像置于殿中。后来殿毁,今存遗址。1997年7月至10月,经陕西省考古研究所清理发掘,东侧蕃臣殿基址东西长19.70米,南北宽12.80米,面阔三间,进深三间;西侧蕃臣殿基址东西长20.65米,南北宽12.50米,面阔三间,进深三间。北侧有一偏房,长12.60米,宽12.50米,其北面之墙设计成夹层。遗址内有大量的残砖残瓦残脊兽及彩绘墙皮等。

经实物测量,这些石人一般高1.65—1.85米,宽0.54—0.65米,础座0.85—0.90米,裸露地面0.08—0.21米。初建时,石人像背部均刻有姓氏、职衔、族别及属国等文字,北宋元祐年间,陕西转运副使游师雄(陕西武功人)在考证乾陵石人像背面所铭文字的过程中,访得当地旧家所藏石人背部铭刻拓本,命人复录转刻成四块石碑,分立于东西两边石人像前。后石碑不知去向。元代李好文在编撰《长安志图》时觅得游师雄所刻三块石碑,补为三十九人。清初叶奕苞《金石录补》记为三十八人。清乾隆年间,陕西巡抚毕沅在编写《关中金石志》及《关中胜迹图志》时,已经访得奉天旧家藏之拓片,撮录三十六人。因年久剥蚀,目前仅能辨清字迹的有:木俱罕国王斯陀勒、于阗王尉迟敬、吐火罗王子特勒羯达健、吐火罗叶护咄伽十姓大首领、盐泊都督阿史那忠节、默啜使移力贪汗达干、播仙城主何伏帝延、故大可汗骠骑大将军行左卫大将军、昆陵都护阿史那弥射等七人。石刻人物长袍窄袖,腰束宽带,足登尖头靴,双手前拱,披肩的波纹自然活脱,与衣褶一起和谐地表达出了人物的形体,富于质感。后经武汉大学陈国灿教授考补为三十六人。

据《唐六典》记载,唐王朝作为当时亚洲国势最强、文化最发达的一个多

图 55　唐乾陵神道西侧藩臣像　陈雪华 摄

民族大国，最兴盛时期与 300 多个国家和地区有着友好往来的关系。以往，有很多文章都称其为"六十一王宾像"，理由是依据《陕西通志》卷七十一："高宗之葬，诸蕃酋来助者甚众，武后不知太宗之余威遗烈，乃欲张大其事，刻之以夸耀后世也。"这就是说，埋葬高宗时，他们是六十一个友邦和少数民族特派前来参加葬礼的诸少数民族首领或使者。武则天为向后人夸耀自己的盛威，才将这些王宾刻石立像的。而日本学者足立喜六《长安史迹研究》一书认为"是乾陵营造之际来助工役的人"。其实，这些都是一种误导。从考证出姓名的三十五人可知，他们是大唐王朝属下的各族官员或质宿京师的诸属国国王、王子、大将军及十二卫将军，还有受命兼任西北地区边境少数民族的首领。这些人的官品一般都在三品以上，有的甚至官居一品。当时在立像时，其中的十一人已经亡故。而真正的客使只有三名，他们是武则天朝东突厥族可汗默啜派到长安来的使臣移力贪汗达干、漠贺达干和吐蕃使大宰相相西曩热，他们是为了求婚而来的民族使者。至正二十四年（1364），朱元璋的军师刘伯温西征经过乾陵时，曾作《元朝》诗："藩王俨待立层层，天马排行势欲腾；自是登临多好景，岐山望足看昭陵。"诗中的"藩王"便是这些石人名分的称谓，若称"藩臣"，更符合历史事实。

关于六十蕃臣石像的断头问题，一种流行的说法是，乾陵的石雕采天地之灵气，集日月之精华，所雕石人石马成神成精成妖，肆意践踏田间的庄稼，吞食牛羊，当地人非常气愤，遂聚众将这些石人头全部砸掉，从而给文物古迹蒙上了神秘的色彩。其实，这是一种愚弄人民的说法。

明成化四年(1468)，以右副都御史兼陕西巡抚马文升在咏乾陵的诗中写道："禁垣有址荒秋草，殿寝无痕毁劫兵。独有数行翁仲在，夕阳常伴野农耕。"乾陵尽管"殿寝无痕"而毁于"劫兵"，但"独有数行翁仲在"，说明地面上的石人还基本完好。明弘治六年(1493)，甘肃庆阳人李梦阳在参加陕西乡试后，返回途中曾游乾陵，并作《乾陵歌》，其中云"强弩射之妖亦死，至今剥落临道旁"。嘉靖六年(1527)二月初四日，有在乾隆无字碑上题诗云："则天虐炎今何在，殿台焚烧石兽崩"。到了清乾隆年间，邑人吴玉就有"鬼磷乱明灭，翁仲纷颠倒"的诗句。由此可见，乾陵石人断头的时间应在明代成化四年(1468)至弘治六年(1493)，或嘉靖六年(1527)之间。

2017年8月，古代东亚的都城与墓葬国际学术研讨会在陕西西安召开，陕西省考古研究院研究员张建林先生作了题为《唐代帝陵蕃酋像》的报告，报告称，截至目前，已经从唐睿宗桥陵、唐肃宗建陵、唐敬宗庄陵及唐武宗端陵等神道石狮南侧发掘蕃酋石人像200多件。据此推断，蕃酋像当属帝陵石刻组合内容。

需要强调的是，在唐陵蕃像中，更重要的是臣服者和受宠者。

乾陵内城四门各置有石狮一对，现青龙门和朱雀门的均完好无损；白虎门有一个完好，另一个有可能被埋入地下；玄武门的残损严重。其中，朱雀门两狮相距约16米。东边狮高3.02米，胸宽1.50米，长2.32米。座分为两层：上座长2.35米，宽1.40米，高0.29米；底座长3.30米，宽1.65米，高1.08米。西边狮高2.77米，宽1.76米，长2.83米。座也分为两层：上座长2.60米，宽1.42米，高0.29米；底座长3.33米，宽1.66米，高1.13米。两狮均重约40吨，造型呈金字塔状，身躯后蹲，昂首挺胸，前肢劲拔，胸肌丰腴发达，巨头卷毛，硬额浓眉，阔口利齿，舌顶上腭，突目隆鼻，整个造型浑厚雄健、威猛异常，给人以器宇轩昂之感。

北门仗马六匹，分东西排列，除西侧的一匹较为完整外，其余皆残缺不全。天子所乘"六马"即"六龙"。唐杜牧在《长安晴望》诗中写道："翠屏山对凤城开，碧落摇光霁后来；回识六龙巡幸处，飞烟闲绕望春台。"

在体量及雕刻艺术上，初唐时期的献陵、昭陵的石刻孔武有力，具魏晋南北朝遗风。盛唐时期的乾、定、桥诸陵石刻，体量庞大，精雕细刻。中唐时期的泰、建、元、崇、丰、景、光、庄诸陵，尽管在石刻中出现了相对而立的持笏文臣和挂剑武将形象，但整体制作粗疏，体态无力，反映"安史之乱"后，大唐帝国政治及经济由盛转衰。晚唐时期的章、端、贞、简、靖诸陵，石刻体量瘦小，精神委顿，从侧面反映出了唐王朝政治、经济、文化及艺术的日益窘迫。

图 56　唐乾陵神道东侧石狮　党明放 摄

宋陵的石刻比较整齐划一，数目及排列次序相对固定。神道自南而北依次由鹊台、乳门、神道及石刻群等部分组成。鹊台分左右，相对排列，四周围砌砖石，上建楼观，系上官的门户。上官是谒陵祭祀场所。由此往北约 150 米，便是乳门。乳门之处，便是神道的通道。神道两边列置石刻：石望柱一对，石象及驯象人各一对，瑞禽一对，甪端一对，石马两对，控马官四对，石虎与石羊各两对，蕃使像三对，文臣两对，武将两对，南门置镇陵武士将军、石奔狮各一对，东、西、北门各置石狮一对，内侍一对，宫人一对。在陵台前，另有上马石石刻一对。

皇后陵石刻列置于神道两侧,自南而北依次为:石柱一对,石马一对,控马人两对,石虎两对,石羊两对,文臣一对,武将一对,宫人一对。神道门口各列置石狮一对。

北宋七帝八陵原有石刻(不包括后陵)512件,现存石刻 407 件,其中残损者 33 件。皇后陵现存石刻 336 件,其中残损者 51 件。陪葬墓现有石刻 69件,其中残损者 19 件,总共 812 件。此外,还有宋碑及墓志铭百余方。在帝陵及后陵的石刻中,除上马石石座为单层、石柱石座为两层外,其余石刻的石座均为三层。

北宋帝陵石刻分早、中、晚三期。早期包括永安、永昌、永熙、永定四陵,雕刻手法严谨,风格简练;中期包括永昭、永厚两陵,雕刻手法细腻;晚期包括永裕、永泰两陵。总体评价,石马丰满圆润,石羊温顺俊美,文臣温润尔雅,武将器宇轩昂。当地流传着"东陵(永裕)狮子西陵(永泰)象,滹沱(永昭)陵上好石羊"的说法,正好验证北宋帝陵石刻的精美程度。

石望柱,为方型莲花基座,六棱或八棱柱身,自下而上逐渐收刹。河南巩县北宋诸陵现存石望柱十五件。以永昌陵石柱为例,共八个棱面,可分为三组。其一,以四个棱面为单位,构成云龙纹;其二,以两个棱面为单位,构成长颈鼓腹瓶,内插松枝;其三,以两个棱面为单位,构成云龙周旋绕柱。永昭陵石柱系单线阴刻,八个棱面为一个构图单元,上刻龙盘柱,线条细腻,技法娴熟,为宋陵石柱佳作之一。

石象与训象人为帝陵所特有。神兽大象作为贡品进入中原,隋唐时期就有外域使者贡奉白象的记载。北宋时期,贡奉白象或象牙更是不绝于书。石象体态雄健,四腿如柱,长鼻委地,背负鞯褥,中刻莲花槽。永熙陵石象鞯褥两端浮雕怪兽相斗图,雕刻精巧,形象生动。驯象人身着紧身束腰长短袍,双手拱在胸前,神情专注。帝陵列置石象,有祈求江山稳固的政治含义。

瑞禽,造型为马首龙身鹊尾鸟足,背有双翼,羽然而出,下衬以山石。刻工精细,生动别致。北宋诸陵现存瑞禽石刻十四件。

角端,亦作"端端"、"畲端",或"獬豸"、"獏"、"独角兽"等,造型为麒麟头狮身独角长尾四爪,其貌可畏。前唇或卷或伸,胸部刻有翼翅,或火焰纹。

《宋书》卷二十九《符瑞下》载："甪端者，日行万八千里，又晓四夷之语，明君圣主在位，明达方外幽远之事，则奉书而至。"清人王士禛《陇蜀馀闻》云："甪端，产瓦屋山，不伤人，惟食虎豹。山僧恒养之，以资卫护。又近于渠搜发献鼠犬。人常置其石造像于门，驱邪也。"甪端与历代的麒麟、辟邪、天禄、獬豸等，共同构成了我国封建王朝的嘉瑞体系。宋朝视甪端为辅国安邦的神瑞之物。宋陵列置甪端，具有颂扬帝王圣明之政治含义。北宋诸陵现存甪端十四件，前期雕刻质朴有力，后期雕刻臃肿失度。

仗马及控马官。仗马为仪仗之用，通身雕饰鞍、鞯、褥、羁、蹬、带及缰绳等，造型雄健，但有雄壮与修长之分。四个控马官分立仗马两侧，身着紧身袍，前襟挽于腰际，后襟拖地，头戴幞头，手执马鞭或拂尘，象征着"大朝会则执仗以队陛"的仪卫。

石虎与石羊，造型为蹲姿，威武雄壮，作咆哮状，长尾盘曲。永昌陵和永安陵的体量很大，造型逼真，雕刻精美。石羊面目清秀，体态修长。

客使，我国少数民族形象，身着民族服饰，为参加北宋帝王葬礼的代表。雕刻手法精妙。永昌陵客使长脸丰满，目光前视，须髯浓密，身着紧身短袍，腰间束带，脚蹬尖头毡靴，而各陵客使手捧之物有别：或犀角，或象牙，或宝瓶，或花盘，或书函，或玉印等。

文武朝臣，象征着宫廷百官朝仪，文官持笏站前，武将挂剑立后，分别恭立于神道两侧。太祖朝推崇文臣，抑制武将，故文官站前，武将立后。

宫人内侍。宫人位于神道西侧，眉目细长，双肩瘦削，拱手而立；内侍位于神道东列，神情拘谨，体态微胖，手执拂尘。

石狮，尤以永裕陵朱雀门石狮最为精湛，与唐陵相比，虽不高大精美，但也雄健生动。北宋诸陵现存石狮六十三尊。

上马石，位于朱雀门神道两侧，各陵列置位置相同。永裕陵东侧上马石上 1.78 米，宽 0.92 米，高 0.87 米，平面刻回形纹饰，中浮大盘龙，四侧雕游龙纹或云纹。

在宋陵陵区，还陆续出土了八件生肖石像。石狗一件，出土于宋真宗永定陵西神墙外，青石质，须弥座，素面磨光。座长 0.47 米，宽 0.32 米，高 0.47

米。石狗体长 0.3 米,胸宽 0.17 米,高 0.2 米。翘首垂耳,屈腿卷尾。石鼠一件,出土于钦圣宪肃向皇后陵北神墙外,青石质,石座素面磨光,四周雕宝山纹。座长 0.18 米,宽 0.11 米,高 0.245 米。石鼠体长 0.155 米,鼠身前高后底,目视前方,昂首屈肢,神态可掬,趴伏于宝山上。石牛一件,出土于钦圣宪肃向皇后陵北神墙外,青石质,石座下部素面磨光,座长 0.19 米,宽 0.13 米,高 0.235 米,四面雕饰宝山纹,石牛体高 0.165 米,屈肢跪卧,昂首前视,神态自如。石猪一件,出土于钦成皇后朱氏陵园,青石质,石座长 0.185 米,宽 0.106 米,高 0.27 米,下部素面磨光,上雕宝山纹,间隔涂抹有红、绿颜料。石猪体高 0.11 米,立姿,高脊垂腹,长嘴拱地,形象生动。石兔一件,出土于昭怀刘皇后陵园,红石质,石座长 0.23 米,宽 0.18 米,高 0.295 米,下部素面磨光,上雕宝山纹,石兔高 0.06 米,昂首屈肢,长耳贴身,趴伏于石座之上。石鸡一件,出土于商国公主墓西侧,红石质,石座长 0.22 米,宽 0.165 米,高 0.22 米,四周饰宝山纹,石鸡身高 0.13 米,作屈腿伏卧状。石龙一件,出土于商国公主墓北侧,红石质,石座长 0.21 米,宽 0.19 米,高 0.08 米,四周雕有水波纹,龙作头下尾上,缠绕于座上。石猴一件,出土地址不详,灰色砂石质,石座长 0.23 米,宽 0.12 米,高 0.18 米,素面磨光。石猴瘦身长尾,作趴伏状。北宋帝后陵寝四周设置生肖石像,此制在汉唐时期并不曾见,应该属于北宋帝陵特有的一种石刻内容。

第三节 明清时期

明朝陵墓的石刻分布在明皇陵、明孝陵、明十三陵。

明皇陵是朱元璋父母的陵墓,位于安徽省凤阳县城南七公里处。历时十年竣工。陵前神道总长 257 米,神道两侧列置石刻三十二对,自外而里顺序为:麒麟两对、石狮八对、石柱两对、石马及控马官四对、石虎四对、石羊四对、文臣两对、武将两对、内侍两对等,部分残损严重。这些石雕造型逼真,刻工精细。朱元璋在位时,多次移驾凤阳祭拜皇陵。内阁首辅胡广在《陪驾祀皇陵》诗中描绘了祭陵的隆重场面:"圣立春巡日,皇陵晓祀时。千宫陪玉辇,万旗拥龙旗。"

图 57　安徽凤阳明皇陵仗马及控马官

明孝陵是开国皇帝朱元璋与皇后的合葬陵,坐落在南京钟山南麓,在全长约 800 米的神道两侧对称地排列着石刻四十件,构成威武雄壮的队列,使皇家陵园显得更加圣洁、庄严、肃穆。其中:石柱一对、文臣三对、武将三对、站马一对、卧马一对、站麒麟一对、卧麒麟一对、站象一对、卧象一对、站骆驼一对、卧骆驼一对、站猊一对、蹲猊一对、站狮一对、蹲狮一对。所有石像皆以整块石料雕成,不刻意形似,而注重神似,风格粗犷、雄浑、朴拙、威武,气度非凡。

从孝陵开始,陵前神道石刻不再使用北宋帝陵惯有的石虎、石羊等,而采用了具有震慑力和警卫力量的狮、象、马、麒麟、骆驼及獬豸,并且每一种动物都是一对立姿,一对卧姿。石人又分为文臣和武将两类,各分有须和无须两种。十三陵的石刻只是在文臣之后增加了一对勋臣。

位于北京市昌平区天寿山南麓的明十三陵,是明朝迁都北京后十三位皇帝的陵寝所在。依次为:长陵(明成祖朱棣陵寝)、献陵(明仁宗朱高炽陵寝)、景陵(明宣宗朱瞻基陵寝)、裕陵(明英宗朱祁镇陵寝)、茂陵(明宪宗朱见深)、泰陵(明孝宗朱祐樘)、康陵(明武宗朱厚照)、永陵(明世宗朱厚熜)、昭陵(明穆宗朱载垕)、定陵(明神宗朱翊钧)、庆陵(明光宗朱常洛)、德陵(明熹宗朱由校)、思陵(明毅宗朱由检)。

图58　南京明孝陵神道石柱　党明放 摄

　　明十三陵神道由石牌坊、大红门、碑楼、石像生及龙凤门组成。自南而北，长达7000米的神道直达长陵，因受地理因素制约，诸陵神道皆接在长陵的神道之上，谓之十三陵总神道。最南端为一座高16米、面宽29米的六柱五间十一楼的青白石牌坊，初为彩绘，今已剥蚀。它并非长陵的原有建筑，而是大明第十位皇帝嘉靖所建。其后为下马碑（或称下马牌），碑高4.45米，正反两面皆刻"官员人等至此下马"字样，分别位于神道两侧。凡来祭陵者，不论官阶高低，皆须在此下马，步行进入陵区。

　　大红门一座，制如宫门，三洞式，单檐庑殿式建筑。门两侧是连接长达80里的围墙。

　　长陵神功圣德碑亭一座，重檐歇山式建筑，正方形，四面各辟一门，高约10米，建于宣德十年（1435）。内立神功圣德碑一通，螭首龟趺，高7.91米，青白石质。碑阳刻有明仁宗朱高炽为其父永乐皇帝朱棣撰写的碑文，三千余字。碑阴刻有清乾隆皇帝御笔《哀明陵三十韵》，款刻乾隆御宝二方：朱文"古稀天子之宝"，白文"犹曰孜孜"。碑东侧刻有高宗于乾隆五十二年（1787）御制诗，款刻御宝二方，篆文及款式同《哀明陵三十韵》。碑西侧刻有仁宗于嘉庆九年(1804)御制文,款刻御宝两方:朱文"嘉庆御笔",白文"心传基命"。

在长陵神功圣德碑碑亭四隅,分别立有四通汉白玉华表,柱身雕龙及云龙纹,顶部均有蹲姿异兽(俗称望天吼)一尊。两两相对,面南者称望君出,面北者称望君归。

碑亭之北为神道,在800米的神道两侧排列着大型石雕,依次为:望柱两尊,蹲狮一对、立狮一对,蹲姿獬豸一对、立姿獬豸一对,卧姿骆驼一对、立姿骆驼一对,卧象一对、立象一对,蹲姿麟麟一对、立姿麒麟一对,卧马一对、立马一对,个个威武雄壮,象征着皇帝生前朝会或大典时所设的仪仗和护卫。将军两对,品官两对,功臣两对,武大臣形象逼真、表情肃穆,栩栩如生。北接三门六柱式棂星门,顶饰龙状异兽,也称火焰牌坊,俗称龙凤门。

清朝陵墓区分为三处:一为盛京三陵,一为清东陵,一为清西陵。清陵石刻均列置于神道两侧。以孝陵为例,在长达5600米的神道上,自南而北,依次为:

石牌坊一座,属于礼制性的建筑物,由六根石柱和五座石雕庑殿式大屋顶及六座石雕庑殿式小屋顶组成,高12.35米,宽31.35米。中间面阔5.05米,在两柱四周刻有云龙戏珠浮雕图案。次间面阔4.4米,在西次间的西石柱及东次间的东石柱的四周均雕一只龙首牛鼻凤尾异兽,或称"摩羯龙"。稍间面阔3.7米,在西稍间西柱及东稍间东柱的四周均雕双狮戏珠浮雕图案。在明间夹柱石顶上,雕有四只卧姿麒麟;在次间和稍间夹柱石上雕有八只卧姿狮子。牌坊有斗拱、飞头、椽檩、吻兽、筒瓦、梓框、额枋、花板等,地面漫铺条石。

下马碑(亦称下马石牌)两座,位于石牌坊之北。青白石材质,基座为正方形,边长2.5米,高0.5米。牌身高4.1米,宽1.05米,厚0.26米。碑的正反两面刻有意思相同的满汉文字:诸王以下官员人等至此下马。在下马石碑之北,有东西班房各一座。

神功圣德碑亭,或称大碑楼,系重檐歇山式,上覆琉璃瓦,屋顶螭吻,檐头钉铜帽,四面各辟拱券式门洞。碑亭基座平面为正方形,均高1.1米,面阔均28.76米,碑亭下为须弥座,亭内屋顶的天花板上绘莲花水草。亭内碑身为长

图59　清顺治孝陵下马碑

方体,被形塑为交结蛟龙状,额篆"大清孝陵神功圣德碑"。碑身阳面,以满汉
两种文字歌颂世祖的一生功绩。碑文由康熙亲撰。碑高6.7米,宽2.18米,
厚0.73米。碑趺为龙首龟趺,高2.03米,宽2.4米,长5.15米。碑亭四角立
有四根汉白玉石柱,名曰"华表",或称"擎天柱"。柱的四周围有石栏。据《钦
定大清会典事例》卷九百四十三记载:"(栏柱)高二丈五尺,径四尺二寸,座
高五尺二寸,径八尺七寸,四周石栏,各高五尺五寸,各面广一丈四尺七寸。"
柱下须弥座,柱身雕蟠龙,头上尾下,周围祥云。柱顶为承露盘,横插云板一
块,上雕蹲龙一只。自景陵始,改称"圣德神功碑",取"祖有功而宗又德"
之意。

　　石柱一对,通高7.17米,柱面为正六棱形,面宽0.65米,周身雕刻祥云。

　　石像生十八对。孝陵的石像生在清陵中规模最大,在全长870米的神道
上列置十八对,皆为须弥座。依次为:卧、立狮子一对,卧、立狻猊一对,卧、立

骆驼一对,卧、立大象一对,卧、立麒麟一对,卧、立马一对,以及文臣三对,武将三对。文臣头戴貂帽,身佩香囊,前、后胸部各缀正一品的仙鹤方补一块,颈挂朝珠,脑后垂发辫。武将头戴战盔,左侧挎刀,身披甲胄,上饰四团正龙补服,前、后胸及左、右肩各一团。文臣武将富有满族特色。

图 60　清顺治孝陵神道石柱与石像生

第十章　帝陵祭祀

　　帝王陵寝制度中,祭祀指庙祭,丧葬指陵祭。而庙祭与宗庙制度密切相关。

　　所谓"宗庙",宗,尊也;庙,貌也,即先祖形貌所在。宗庙乃礼仪制度,是古代帝王、诸侯或大夫、士祭祀祖宗亡灵的场所。《中庸》云:"宗庙之礼,所以祀乎之先也。"《礼记》云:"君子将营宫室,宗庙为先。"帝王的宗庙制度是天子七庙,因其地位神圣,而被列为国家大典。汉朝的法律规定,凡擅论宗庙者,以大不敬论处。

第一节　七庙之制

《晋书》卷十九《礼上》载:

　　　　群公有司始更奏定七庙之制,曰:"大魏三圣相承,以成帝业。武皇帝肇建洪基,拨乱夷险,为魏太祖;文皇帝继天革命,应期受禅,为魏高祖。上集成大命,清定华夏,兴制礼乐,宜为魏烈祖。于太祖庙北为二祧,其左为文帝庙,号曰高祖昭祧,其右拟明帝,号曰烈祖穆祧。三祖之庙,万世不毁。其余四庙,亲尽迭迁,一如周后稷、文武庙祧之礼。"

　　天子七庙,本指四亲(父、祖、曾祖、高祖)庙、两祧(天祖、烈祖)庙和始祖庙。《礼记·王制》:"天子七庙,三昭三穆,与大(太)祖之庙而七。诸侯五庙,二昭二穆,与大祖之庙而五。大夫三庙,一昭一穆,与大祖之庙而三。士一庙。庶人祭于寝。"意思是说,天子设七庙供奉祖先,太祖庙位居正中,其左为三昭,右为三穆。后泛指帝王的宗庙,或称太庙。

　　关于"太庙",夏称"世室",商称"重屋",周称"明堂",秦汉时称"太庙"。后来发展成为经皇帝恩准,皇后和功臣的神位也可陪享太庙。

　　三昭三穆,作为古代宗法制度之一,主要用来区分宗族内部的长幼次序及亲疏远近。以周天子七庙为例,自始祖之后,左为昭,右为穆;父为昭,子为穆。排列时,太祖居中,三昭位于太祖的左方,三穆位于太祖的右方。据史书记载,历代祭孔时,孔氏宗族也采用左昭右穆的排列次序。

"吾理天下,亦欲以柔道行之。"东汉光武帝刘秀以"柔道"治天下。柔道,即王道。意谓自己要效法汉高祖刘邦的统治之术,把"黄老无为"学说作为稳定社会秩序的指导思想,并采取一系列的治国方略,发展社会生产,缓和社会危机。并于洛阳立高庙,祭祀高祖刘邦及文帝刘恒、武帝刘彻、宣帝刘询、元帝刘奭五帝。又在长安故高庙中祭祀成帝刘骜、哀帝刘欣、平帝刘衎三帝。又在南阳舂陵别立四亲庙,祭祀父南顿君以上四世。东汉改七庙为一庙多室制,就是将原来各自独立的昭穆之庙迭毁合于太庙,然后分室供奉。所不同的是,汉代在宗庙祭祀中还建立了功臣陪飨制度,即将有殊功之臣死后的神主祔祀于宗庙,其功绩评判,皆以《周礼·夏官司马第四》为准则:"王功曰勋,国功曰功,民功曰庸,事功曰劳,治功曰力,战功曰多。"郑玄注:"王功,辅成王业,若周公。"

唐朝将宗庙列入"百世不迁之典"。高祖尊高曾祖考,立四庙于长安。太宗议立七庙,虚太祖之室。玄宗立九室,祀八世。文宗时,礼官以景帝受封于唐,高祖、太宗创业受命,百代不迁。

载初元年(690)九月初九,睿宗李旦等六万多人上表请改国号,其母武则天遂改唐为周,定都洛阳,自加尊号为圣神皇帝,史称"武周"。则天帝降睿宗为皇嗣,赐姓武。并于神都洛阳立武氏七庙,改置社稷。想在驾崩之后,以天皇圣帝武氏升祔太庙,不料却遇到了麻烦,在嫡长子继承帝位的帝制时代,宗庙历来是父昭子穆,太常卿姜皎复与礼官上表反对。哪有女皇的神座?最终以"非圣朝通典"为由,武则天只能以皇后身份配享于高宗神位,牌位上仅书"则天皇后"而已。

德宗李适驾崩后,需立宗庙,依三昭三穆往前推算,即德宗、代宗、肃宗、玄宗、睿宗、中宗。而高祖庙在昭穆之外属应迁之庙。其后以敬、文、武三宗为一代,故终唐之世,常为九世十一室。

建隆元年(960),太祖赵匡胤将立宗庙,诏百官集议。毕沅《续资治通鉴》

卷一载："兵部尚书张昭等奏曰：'尧、舜、禹皆立五庙，盖二昭二穆与其始祖也。有商改国，始立六庙，盖昭穆之外祀契与汤也。周立七庙，盖亲庙之外，祀太祖及文王、武王也。汉初立庙，悉不如礼。魏、晋始复七庙之制，江左相承不改；然七庙之中，犹虚太祖之室。隋文但立高、曾、祖、祢四庙而已。唐因隋制，立四亲庙，梁氏而下，不易其法，稽古之道，斯为折衷。伏请追尊高、曾、祖、祢四代号谥，崇建庙室。'制可。于是定宗庙之制，岁以四孟月及季冬凡五享，朔、望荐食、荐新。三年一祫，以孟冬；五年一禘，以孟夏。皆兵部侍郎渔阳窦仪所定也。"

北宋时期，自太祖追尊僖、顺、翼、宣四祖，神宗朝，奉僖祖为太庙始祖。徽宗时，增太庙为十室。

元世祖忽必烈于燕京（今北京市）修建宗庙，以太祖为不迁之祖，故而居中。至泰定年间，扩为七世十室。

天子七庙作为朝代的标志，庙在则国在，庙毁则国亡。

第二节 祔庙之礼

将驾崩帝王的神主牌供奉于太庙，称为祔庙，或称升祔。太庙为"古之通制"，必须循遵。太庙是彰显祖功崇德之地，也是后世效法先祖之德的重地。

贞观二十三年（649）八月二十八日，太宗文皇帝神主祔于太庙，同年，请宗庙庙乐为《崇德》之舞。高宗即位后，以"旦夕敬奉"为借口，拟将太宗神位请出太庙而置于自己的寝室，并下诏废除祔庙之礼。高宗的违礼行为遭到了英国公李勣等群臣的强烈抵制，高宗只得作罢。

清道光皇帝以节俭著称，身居帝位，罢停福建荔枝贡、扬州玉器贡等，裁减御膳房员役。他曾朱书遗命四条，洋洋洒洒千余言，分大小两折，并御笔折封道："嗣皇帝率同御前大臣、满汉大学士、军机大臣等阅看遵循。"然后锁于匣中，放于寝宫。道光驾崩后，遵诏启封，内容为身后事：不祔庙；不郊配；山陵五孔桥南部不得立碑，不得用圣德神功字眼；将其生前遗物分别保存等。事实上，道光二十二年（1842）八月四日，他在列强的逼迫下，先后与英国、美国及法国签订了一系列的不平等条约，割地赔款，丧权辱国。道光深觉愧对先祖,恐遭国人唾骂,故有此言。

祔庙礼仪较为复杂。据《翁同龢日记》记载,慈安太后的神主祔庙的经过如下:当慈安太后的梓宫安放在普祥峪定东陵地宫的宝床上之后,便在陵园的隆恩殿举行虞祭礼。大学士先在桑木神牌上题主,即写上死者名讳,然后行礼。礼毕,用黄舆将神牌抬回紫禁城。当神牌抵达京郊时,光绪皇帝到郊外迎接并行礼。当神牌从大清门进入时,百官跟随尚书董恂于大清门外跪迎,并随皇舆至太庙。先由恭代王行只见礼,光绪随后从左门入升殿拈香行礼。不作乐,须两次三跪九叩首,百官则不行礼。礼毕,光绪皇帝回宫,升祔礼则由恭代王主持,此时作乐设舞,恭读祝文。祭祀时需有陪祭,规定:尚书三人、侍郎六七人、副都统六七人。神主从此不得改题,也不得重新加谥。

在太庙立室奉祀的神主需立名号,此谓之"庙号"。同一朝代的皇帝,庙号不得使用同一个字,否则,就是"庙号相犯"。

第三节 帝王谒陵

谒陵,指帝王上陵瞻仰及致祭之礼,分"亲谒"和"望祭"。谒陵的对象可以是本朝先祖,也可以是前朝先祖。

谒陵之礼发展于秦汉时期。《晋书》卷二十载:"古无墓祭之礼。汉承秦,皆有园寝。"汉朝盛行墓祭,即在墓前建祠堂。《论衡》卷二十三《四讳第六十八》云:"墓者,鬼神所在,祭祀之处。"汉朝的墓祭有不少避讳,其中之一就是禁止刑徒参加,认为刑徒去墓祭,会损害祖先之德。

西晋沿袭曹魏之制,即不墓祭。晋武帝司马炎虽然谒过司马昭及司马师之墓,但没有敢谒司马懿之墓。因为司马懿生前在遗诏中明确指示,子孙后代及文武百官不得谒陵。

《新唐书》卷十四《礼乐四》载:"凡国陵之制,皇祖以上至太祖陵,皆朔、望上食,元日、冬至、寒食、伏、腊、社各一祭。皇考陵,朔、望及节祭,而日进食。"由此可以看出,愈远的先祖,祭祀的次数愈少,愈近的先祖,祭祀的次数愈多。

《唐会要》卷二十《陵议》载:贞观十三年(639)正月初一,太宗谒拜献陵,七庙子孙及文武百官、蕃夷郡长皆陪列于北司马门内。太宗入陵,降舆纳履,行至阙门处，悲号呜咽。面西再拜，恸绝难兴。礼毕，易服，入于寝宫，阅视高祖服御之物，匍匐床前悲哭欲绝，左右侍御者，莫不唏嘘。不一会儿，太宗出寝宫，步过司马门，泥行二百余步，于是，风静雪止，天色开霁。见者都以为太宗孝感之所致。为了显示皇恩浩荡，除免三原县民一年租赋外，凡八十岁以上老人以及孝子贤孙、义夫节妇、鳏夫寡妇、身染疾病者，皆赐与不同之物。凡护卫献陵陵邑的所有官员、卫士、斋员及三原令以下，各赐爵一级。

永徽五年（654）二月，以高向玄理为押使、河边麻吕为大使、药师惠日为副使的第三次日本遣唐使入唐。十二月十二日，遣唐使节晋献倭国（即日本的古称）琥珀和玛瑙。据说，琥珀其大如斗。或许因其缘故，十二月十七日，高宗发京师谒昭陵，而孕身待产的武则天随驾谒陵，却在路上生下了皇子李贤，但不知武则天最后到没到昭陵。

永徽六年（655）正月初一，高宗李治亲谒昭陵。文武百官及宗室子孙皆往陪谒。行至阙门，高宗降辇易服，行哭，捶胸踣地。礼毕，又改服，奉谒寝宫。李治步入寝宫，再度恸哭，欲绝于地。进至东阶，面西再拜，号恸久而难息。随后，即献太牢之馔（太牢，指帝王祭祀时，牛、羊、豕三牲全备），太尉长孙无忌、司空李勣、越王李贞、赵王李福、曹王李明，以及左屯卫大将军程知节等并入"执爵进俎"。李治至神座前，拜哭奠馔，阅视先帝先后衣服，拜辞行哭，出寝宫北门，乃乘御辇还宫。诏令免除礼泉县民当年租赋，陵所护卫将军、郎皆进爵一级，陵令、丞皆加阶赐物。

开元十七年（729）十一月初十，玄宗李隆基奉谒睿宗桥陵。陵在奉先县（今陕西蒲城县）丰山。李隆基行至陵园西阙处下马，望陵啼泣，步至神午门，再拜，悲感左右。礼毕，"诏曰：黄长轩台，汉尊陵邑，名教之地，因心为则，宜进奉先县职望班员，一同赤县，所管万三百户，以供陵寝，即为永例。"十二日，奉谒中宗定陵，陵在富平县（今陕西富平县）凤凰山。十三日，奉谒高祖献陵，献陵在三原县（今陕西三原县）徐木原。十六日，奉谒太宗昭陵，陵在醴泉县（今陕西礼泉县）九嵕山。玄宗步入寝宫，隐约听见室内有咳嗽之声，即命在寝宫门外设奠，以祭陪陵功臣将相魏徵、萧瑀、房玄龄数十人。十九日，奉谒乾陵，陵在好畤县（今陕西乾县）梁山。玄宗车驾回宫后，下诏："诸陵各取侧近六乡百姓,以供养寝陵之役。"祭陵完毕,大赦天下,黎民百姓当年地税减半。

开元二十三年(735),玄宗下诏:"献、昭、乾、定、桥五陵,朔、望上食,岁冬至、寒食各日设一祭。若节与朔、望、忌日合,即准节祭料。桥陵日进半羊食。"桥陵乃李隆基父皇睿宗李旦陵寝,故待遇优于其他各陵。

天宝二年(743)八月,玄宗颁制:"始以九月朔,荐衣于诸陵。"

天宝十三载(754),玄宗改献、昭、乾、定、桥五陵陵署为台,改署令为台令,并升旧一阶。

北宋帝王亲往河南巩义陵区祭祀,见于史料的仅有三次,其中宋太祖一次,宋真宗两次。

开宝九年(976),太祖赵匡胤巡幸洛阳,路过巩县时,亲自拜谒父亲赵弘殷永安陵,并"赐河南府民今年田租之半,复奉陵户一年"。景德四年(1007)正月,宋真宗赵恒亲自到达永安镇行宫,当日素食沐浴,"是夜漏未尽三鼓,帝乘马,却舆辇伞扇,至安陵,素服步入司马门行奠献礼,诸陵亦然。又诣下宫。凡上宫用牲牢、祝册,有司奏事;下宫备膳羞,内臣执事,百官陪位"。其后,又对诸后陵、诸王及恭孝太子墓一一祭祀,并"单骑从内臣巡视陵阙"。真宗祭陵时,按先亲后尊的顺序祭拜,对于永安陵、永昌陵、永熙陵的陪葬墓则"各设位次诸陵下宫之东序"一并致祭。大中祥符四年(1011),真宗"祀汾阴,经巩县",仅在訾村搭台置三陵神坐,由真宗与诸大臣分别祭祀,然后再由真宗"复行亲谒之礼"。

明人王在晋《历代山陵考》卷上载:

> 洪武三年,遣官访历代帝王陵庙,令具图以进。四年,遣使祭历代帝王陵寝……九年,遣官行视历代帝王陵寝,凡三十六陵。令百步内禁樵采,设陵户二人看守,有司督近陵之民以时封培。每三年一降香致祭……天顺八年,令各处帝王陵寝被人毁发者,所在有司即时修理如旧,仍令附近人民一丁看护,免其差役。

嘉靖十七年(1538),世宗朱厚熜在其生母蒋氏薨后不到两个月,诏令拜谒安陆(今湖北钟祥市纯德山)皇考显陵。翌年九月辛酉日入天寿山。扈从约15000人,其中锦衣卫官120多人,旗官8000多人,官军6000多人,浩浩荡荡,沿途皆由地方供奉。冬十月丙寅日还宫。谒陵中,嘉靖帝赐扈从文武大臣金币。礼部尚书兼武英殿大学士严嵩投其所好,耗费赀财无数。

清朝皇帝亲自或遣官祭祀、谒陵二十四次如下:

顺治八年(1651),世祖福临亲政祭告。康熙元年(1662),圣祖玄烨即位祭告。康熙七年(1668),玄烨亲政祭告。康熙十五年(1676),皇太子祭告。康熙二十一年(1682),荡平疆域祭告。康熙二十三年(1684),玄烨南巡,驾幸金陵(今江苏南京市),拜谒明太祖孝陵。康熙二十七年(1688),孝庄后祔庙祭告。康熙二十八年(1689),玄烨谒会稽大禹陵,并题"地平天成"额。康熙三十六年(1697),塞北永清祭告。康熙四十二年(1703),玄烨知天命祭告。康熙四十八年(1709),皇太子祭告。康熙五十二年(1713),玄烨花甲祭告。康熙五十八年(1719),孝惠后祔庙祭告。康熙在位六十年,被称为"御极周甲",命雍正率皇子皇孙赴盛京(今辽宁沈阳市)谒陵。皇子谒太宗皇太极昭陵,皇孙谒努尔哈赤父亲及祖父的永陵。雍正则亲谒太祖努尔哈赤的福陵。

雍正元年(1723),世宗胤禛即位祭告。雍正二年(1724),圣祖玄烨陪享礼成祭告。乾隆元年(1736),高宗弘历即位祭告。乾隆二年(1737),世宗胤禛陪享礼成祭告。乾隆十四年(1749),中宫摄位、慈宁晋号祭告。乾隆十六年(1751),弘历拜谒大禹陵,同时命都抚择世居陵侧姒氏子姓,世予八品官奉祀陵园。乾隆十七年(1752),皇太后花甲万寿祭告。乾隆二十年(1755),评定准噶尔祭告。乾隆二十四年(1759),荡平回部祭告。乾隆二十七年(1762),皇太后古稀万寿祭告。乾隆三十七年(1772),皇太后八旬万寿祭告。乾隆四十一年(1776),评定金川祭告。乾隆四十五年(1780),高宗弘历七旬万寿祭告。康熙五十年(1785),高宗御极祭告。

而祭告仪式则为:有司洒扫,并于陵前搭棚,前树立牌坊二,东为官厅,西为省牲所。二门内,中为行礼所,东西两旁为净手所,陵前为祭品所。牛一、豕一、羊一、帛一、酒樽三、左笾(指古代祭祀宴飨礼器的一种,似豆而盘平浅、沿直、矮圈足)十、右豆十、左簠、右簋、灯十盏、大烛一对,自太祖陵,依次祭。

"御制祭文,恭勒石碑,树立陵前。"

清朝皇帝多半是利用某种方便机会顺便谒陵,如驾幸、巡边、奉皇太后幸汤泉、宋大行皇帝、太皇太后、太后及皇后梓宫奉安山陵等。如康熙二十年(1681),平定云南三蕃叛乱,二十二年(1683),收复台湾,康熙均往孝陵谒陵告祭。嘉庆五年(1800),嘉庆曾于一月、三月、九月三次拜谒东陵。据相关统计,除首帝顺治及末帝宣统不曾谒陵外,其余八帝拜谒东陵总计一百二十余次。谒陵最多者为康熙,一生拜谒孝陵多达四十七次。其次是嘉庆,一生拜谒东陵二十七次。弘历拜谒东陵二十六次。最少者是同治,一生之中拜谒东陵两次。弘历拜谒西陵三十九次,嘉庆拜谒西陵十二次。

在皇帝谒陵的几个月前,就开始公布谒陵日期。礼部要进《皇上谒陵仪注》《所有道路里数缮折》以及皇帝谒陵所带物品清单等。皇帝谒陵礼仪如下:

先到隆福寺(拜谒西陵时到永福寺)行宫换穿青长袍褂。随行三品以上官员则需要未到下马牌处就下马步行,皇帝则未至碑亭处就得恸哭,在大臣的引导下,从东偏门步入隆恩门,经陵寝门左侧至明楼前,宗室及文武百官则在陵寝门外按序排列。

皇帝行三跪九拜礼之后,站东面西,然后再跪,奠酒三爵,每奠一酒,须行拜一礼。奠毕,立于东侧,恸哭举哀。礼毕,由大臣沿原路引导退出,到原降舆处升舆,逐陵拜谒,礼仪相同。

清朝帝陵大祭礼,始于康熙二年(1663)兴建孝陵之时。题准:"孝陵每年以清明、孟秋望、冬至、岁暮为四大祭。"乾隆朝,礼部议奏:"各陵寝四时大祭,牲用太牢,献帛爵,读祝文,致祭于隆恩殿,具朝服行礼……遣官承祭,在陵官员,咸令陪祀,永远遵行。"帝后忌辰之祭,从此升为大祭,陵寝变为五大祭。

第四节 公卿巡陵

根据帝王陵寝制度,除皇帝亲自谒陵外,还可派遣公卿代谒,即所谓"受诏巡拜"。

天汉元年(前100),苏武奉命以中郎将持节出使匈奴,遭到扣留。匈奴贵族诱逼其降,未果,后被迁到北海(今俄罗斯东西伯利亚南部贝加尔湖畔)牧羊,并扬言公羊生子方可放其回国。苏武历尽艰辛,留居匈奴十九年,持节不屈。始元六年(前81),因匈奴与汉通好,苏武获释回汉。《汉书》卷五十四《李广苏建传》载:"武以始元六年春至京师。诏武奉一太牢谒武帝园庙,拜为典属国,秩中二千石,赐钱二百万,公田二顷,宅一区。"武帝园庙,即茂陵和龙渊庙的连称。甘露三年(前51),汉宣帝因匈奴归降大汉,命人绘十一功臣图像于麒麟阁,以为人臣荣耀之最,其中包括苏武。

《新唐书》卷十四《礼乐四》载:"天子不躬谒,则以太常卿行陵。所司撰日,车府令具辂车一马清道,青衣、团扇、曲盖伞,列俟于太常寺门。设次陵南百步道东,西向。右校令具剗器以备汛扫。太常卿公服乘车,奉礼郎以下从。至次,设卿位兆门外之左,陵官位卿东南,执事又于其南,皆西向。奉礼郎位陵官之西,赞引二人居南。太常卿以下再拜,在位皆拜。谒者导卿,赞引导众官入,奉行、复位皆拜。出,乘车之它陵。"

显庆五年(660)二月二十四日,高宗定以每年二月派公卿分巡献、昭二陵。景龙二年(708)三月,定于每月初一上食陵寝。中宗定以春秋仲月,公卿巡陵。高宗及武后的忌日,则派内使赴乾陵。

开元十五年(727)二月二十四日,玄宗敕每年春秋二时,公卿巡陵。"初发准式,其仪仗出城,欲至陵所十里内,还具仪仗,所须马,以当界府驿马充。其路次供递车两(辆),来载仪仗,推辂三十人余差遣并停。"二十七年(739)八月十二日,敕:"分命公卿巡谒陵寝,率皆乘辂,以备其仪……每陵各支辂两乘,并仪仗等,送至陵所贮掌……其公卿出城日如常仪。"二十八年(740)七月十八日,敕:"其建初、启运二陵,如兴宁、永康陵,置署官、陵户,春秋仲月,分命公卿巡谒。"其建初、启运、兴宁、永康等四陵,四时八节,委由州县造食进献。

《唐会要》卷二十《陵议》载,天宝六载(747)八月初一,玄宗下诏:"每年春秋二时,巡谒诸陵。差公卿各一人,奉礼郎一人,右校署令一人,其奉礼郎右校署令,自今以后宜停。至陵所差县官及陵官摄行事。其巡陵仪式,宜令太常寺修撰一本,送令管陵县收掌,长行需用。仍令博士助教习读,临时赞相。永为例程。"

《唐会要》卷二十《陵议》载,公卿巡陵有着一套完整的礼仪,程序大致如下:"所司先择吉日,公卿待辂车卤簿,就太常寺发至陵,所司先于陵南北步道东,设次(帐棚)西向北上,公卿等到次。奉礼设公卿位于北门外之左,西向,陵官在公卿位东南,执事官又于其南,西向北上。设奉礼位于陵官西面。赞者二人在南,少退。谒者引公卿出次就位,赞引诸官就位立。奉礼曰:再拜。赞者承传。在位者俱再拜,谒者引公卿。赞引引诸官,出次,以奉行毕,退复位。奉礼曰:再拜。赞者承传,在位者皆拜,谒者引公卿,赞引引诸官,各就次以还,若须洒扫及芟剃修理,即随事处分。其奉礼郎典谒等,应须权摄。请准天宝六载八月敕,所管县及陵官博士助教等充。"

宋初,每年春秋两季,太祖命宗正卿朝拜宣祖永安陵,《宋史》卷一百二十三载:"乾德三年,始令宫人诣陵上冬服,岁以为常。"每年冬至日,命宫人到陵上行荐衣礼,定为常例。

景祐年间,沧州观察使赵守节上奏:"寒食节例遣宗室拜陵,而十月令内司宾往,非所以至恭。"从此,又增加了寒食节宗室拜陵,而十月初一改派内司小吏祭拜。从庆历二年(1042)起,凡每年的寒食节、十月初一等改为公卿巡陵,公卿每年巡陵五次遂成惯例。另外,凡文臣武将经过帝陵时,也许朝拜。后又改为从丞郎或诸司三品,或中书省、门下省中遣官巡陵。

南宋时期,由于祖陵陷落异族,"八陵迫隔,常切痛心"。不得已,只能改在临安(今浙江杭州市)法惠寺设神位"望祭行礼"。

明朝的公卿巡陵制度一如北宋。洪武四年(1371),太祖朱元璋遣使秘书监丞陶谊祭祀;洪武三十年(1397),太祖朱元璋遣使道士任实、沈与真祭祀;永乐三年(1405),成祖朱棣遣使巩县知县刘安祭祀。正德年间,武宗设立了公卿巡陵的专门机构——祠祭署,规定:凡清明、中元、冬至,遣驸马都尉巡陵,文武官员陪祀。也有在忌日、正旦、孟冬、诞辰曰派遣驸马都尉行礼。同时规定,凡文武官员因公或私事经过陵者,"俱应谒陵"。

清代的东西陵分别设有陵寝内务府、奉祀礼部、陵寝工部及陵寝兵部。陵寝内务府是朝廷内务府在陵寝的下设机构,简称"内务府"。东陵总管内务府大臣及西陵总管内务府大臣为最高长官。内务府大臣初有朝廷派遣,后来,东陵内务府大臣改由马兰镇总兵兼任,西陵内务府大臣改由康宁镇总管内务府大臣兼任。《清史稿》卷一百十五载:内务府"掌奉祭祀奠享之礼,司扫除开阖"。内务府驻所称之为"圈"。陵寝礼部最高长官为郎中。《清史稿》卷一百十五载:礼部"掌判署文案,监视礼仪,岁供品物,以序祀事"。礼部驻所称"营房"。

清朝的庙重于陵,故多派遣贝勒以下、奉国将军及爱新觉罗男以上公卿巡陵。巡陵之外,倘有官员祭陵,仅上香烛酒果而已。

第十一章　盗陵种种

盗陵，分官盗、民盗和监守自盗。秦始皇陵以固若金汤著称，然因其"宫观百官，奇器珍怪徙臧满之"，尽管"令匠作机弩矢，有所穿近者辄射之"，也难逃盗掘焚毁。其中，最恶毒者当数项羽。《汉书》卷三十六《楚元王传》记载："项籍燔其宫室营宇，往者咸见发掘。"《水经注》卷十九《渭水下》载："项羽入关，发之，以三十万人，三十日运物不能穷。关东盗贼，销椁取铜。"项羽带领军队火烧咸阳宫，盗掘始皇陵。项羽是楚的后裔，楚国被秦所灭，家耻国恨，使得项羽进入关中后，烧杀掠抢，无所不为，火烧咸阳宫，三月而不灭。

《汉书》卷三十六《楚元王传》载："牧儿亡羊，羊入其凿，牧者持火照求羊，失火烧其臧椁。"牧羊童在秦始皇陵旁牧羊时，有羊钻进墓穴，牧羊的人手举火把，进穴找羊，失火烧了棺椁。

《晋书》卷一百〇七《石季龙载记下》载："又使掘秦始皇冢，取铜柱铸以为器。"石季龙，即石虎，五胡十六国后赵武帝，辖区在今河南、湖北一带，生性残暴，生活荒淫，杀人甚众。

其后，秦始皇陵又遭到黄巢及民国军阀刘振龙的盗掘。

汉高祖刘邦建立西汉政权不久，下令派遣二十户人家为秦始皇守陵，也遣十户人家为秦末起义领袖陈胜守陵。

西汉时期，广川惠王刘越之子刘志纠集天下无赖少年，将包括魏襄王、魏哀王、周幽王、晋灵公等诸多冢墓"尽皆发掘"。西汉末年，除西汉霸、杜二陵暂未被盗掘外，其余诸陵悉数被盗。西晋史学家、医学家皇甫谧说："丰财厚葬，以启奸心，或剖破棺椁，或牵曳形骸，或剥臂捋金环，或扪肠求珠玉。焚如之形，不痛于是？自古及今，未有不死人，又无不发之墓也。"

司马迁《史记》卷六十六《伍子胥列传》载，春秋时期，伍子胥之父兄为楚平王所害，他立誓要报仇，历尽艰险，先来到宋国，又来到郑国，最后逃到了吴国。楚昭王珍十年（前506），伍子胥和孙武帮助吴王阖闾攻破楚国的郢都。此时，楚平王已死多年，"乃掘楚平王墓，出其尸，鞭之三百"。为解心头之恨，伍子胥又将楚平王的脑袋砍了下来。

东汉初平二年(191),陇西军阀董卓率兵进入洛阳后,盗发汉灵帝文陵,"卓悉取藏踪珍物"。他还命吕布盗发诸王陵及公卿冢墓,得其珍宝,西逃长安。《三国志·魏书·袁绍传》卷六载,建安五年(200),袁绍发檄文抨击曹操说:"梁孝王,先帝母弟,坟陵尊显,松柏桑梓,犹宜恭肃,而操率将校吏士亲临发掘,破棺裸尸,掠取金宝。至令圣朝流涕,士民伤怀。又署发丘中郎将、摸金校尉,所过隳突,无骸不露。"意思是说,曹操不仅亲自领兵盗墓,而且还封"发丘中郎将"、"摸金校尉"之类的官专事进行盗墓。梁孝王刘武是汉高祖刘邦之孙、汉文帝刘恒之子、汉景帝刘启的同母之弟。文帝十二年(前168),徙淮阳王刘武为梁孝王,景帝中元六年(前144)暴亡,葬河南永城市芒砀山保安山南麓。

西晋建兴三年(315),有人盗发霸、杜二陵及薄太后墓,"得金玉彩帛不可胜数"。

《历代山陵记》引《元怪录》载,五胡时,慕容隽(鲜卑族,前燕第二位皇帝)在夜间梦见了石虎(羯族,后赵第三位皇帝)啮咬他的手臂,梦中惊醒之后,欲出高价收购石虎尸体,派兵找到石虎的葬埋之地,"下度三泉,得其棺,剖棺出尸",并怒鞭抽打。

后秦姚苌盗发前秦苻坚陵墓,出其尸体,"鞭挞无数,裸剥衣裳,荐之以棘,坎土而埋之。"

《资治通鉴》卷一百六十载,太清元年(547)八月甲申,高澄"虚葬齐献武王(高欢)于漳水之西,潜凿成安鼓山石窟佛寺之旁为穴,纳其枢而塞之,杀其群匠。及齐之亡也,一匠之子知之,发石取金而逃。"参与兴建陵墓的工匠会将情况暗暗告诉自己的儿子,虽然工匠遭诛,但依然泄密了,结果陵墓被盗掘,陪葬财宝尽失。

南陈灭亡后,武帝陈霸先的仇人王僧辩之子王颁曾纠集千余人,对陈武帝万安陵进行了大规模盗发,剖棺焚尸,以泄刻骨之恨。

唐人载孚《广异记》载:"开元初,华妃有宠,生庆王琮;薨,葬长安。至二十八年,有盗欲发妃冢,遂于茔外百余步,伪筑大坟,若将葬者,乃于其内潜通地道,直达冢中,剖棺,妃面如生,四肢皆可屈伸,盗等恣行凌辱,仍截腕取金钏,兼去其舌,恐通梦也,侧立其尸,而于阴中置烛……"当朝皇帝一代宠妃遭此凌辱,实在令人发指!

五代十国时期,盗墓之风依然盛行。《旧唐书》卷十二《德宗本纪上》载,兴元元年(784)春正月,五代军阀温韬"盗窃名器,暴犯陵寝"。《新五代史·温韬传》载:"韬在镇七年,唐诸陵在其境内者,悉发掘之,取其所藏金宝。而昭陵最固,韬从埏道下,见宫室制度闳丽,不异人间,中为正寝,东西厢列石床,床上石函中为铁匣,悉藏前世图书。钟、王纸墨、笔迹如新。韬悉取之,遂传人间。惟乾陵,风雨不可发。"《资治通鉴》亦载,"华原贼帅温韬聚众,唐帝诸陵发之殆遍。"传说温韬在把一批书画作品带出昭陵后,让手下将上面的绸缎撕下来,而把作品扔了,令人愤慨至极。

宋人程大昌《考古编》亦记载:"史载温韬概发唐陵,独乾陵不可近,近之辄有风雨。"意思是说,温韬在盗掘乾陵时,出现了极为反常的天象,狂风骤雨,闪电雷鸣,怕遭报应的温韬被吓跑了。北宋上官融《友人会谈丛》云:"陕西山川形胜,而耀州为最,故唐帝陵多在其境……温韬之起兵连邻,次梁华内外,相结合蚁聚,动至数万。睢盱屈强,法令莫制,遂建县为郡,自颁符节。唐帝诸陵,靡不开发,金宝之玩,取以自资。既开简陵,内有银罗汉十八身,各高五尺,其山座具备,环列于梓宫。每一身以十余牛牵致方出隧道。载以大车,碎之造器,他物莫有存者。简陵乃懿宗也。"

北宋灭亡后,位于河南巩县的诸陵遭遇盗掘。宋人陈均《皇朝编年纲目备要》载,高宗南宋绍兴二年(1132),金兵攻入,曾任河北西路提点刑狱的刘豫弃职南下,他的儿子率领 10 万乡民将两京地区的墓冢盗掘殆尽。据说,有一次,刘豫看见一个士兵手中拿着一盏水晶碗在把玩,他看后,认定这件宝物非民间所有。经一番盘查,士兵供出这是从宋哲宗泰陵中盗发而来。刘豫贪财心切,立即任命其子为专事皇陵盗掘机构长官"河南淘沙官",全面负责对北宋诸陵进行洗劫式盗掘。

南宋绍兴十八年(1148),太常少卿方庭顼出使金国,途中拜谒北宋皇陵,亲眼目睹了宋哲宗曝尸荒野之惨状,不禁潸然泪下,他解下身上衣物,将北宋哲宗赵煦骸骨包裹起来就地掩埋,并将情况上疏了高宗赵构,朝中君臣无不悲痛。

元朝对南宋诸陵的盗掘也十分疯狂。据史卫民《大一统》记载,至元二十二年(1285),西域恶僧杨琏真伽被命为江南释教都总统,利用掌管佛教事务的方便,在宰相桑哥支持下,伙同演福寺僧允泽率部众盗掘位于钱塘、绍兴的宋陵。陵使罗铣竭力阻挠,允泽凶相毕露,拔刀相逼,陵使无奈,大哭而去。杨琏真伽从南宋徽宗陵中盗发马乌玉笔箱及铜凉拔锈管,从高宗陵中盗发出真珍戏马鞍,从光宗陵宗盗发出交加白齿梳及香玉案,从理宗陵中盗发出穿云琴、伏虎枕及金猫睛,从度宗陵中盗发出鱼影琼扇柄及玉色藤丝盘等宝藏,弃尸骨于草莽之间,又将理宗尸体倒挂,掰唇撬齿,盗走口内所含夜明珠,又沥取腹内水银。《明史》说杨琏真伽“又截理宗颅骨为饮器”。绍兴人唐珏出百金,雇人分头趁月色潜入陵山收敛诸帝后残尸遗骨,用黄绫包裹后,葬于宝山之阴天章寺前,并种以冬青树木标记,待来日能重新安葬。仅隔七天,获知内情的杨连僧伽又卷土重来,掘出帝后尸骸,杂以牛马枯骨,运至临安故宫,筑一高十三丈的白塔压之,名曰“镇本”,实在令人发指。故《南宋杂事诗》云:“故宫思见旧冬青,一塔如山塞涕零。领访鱼影香骨案,更从何处哭哭灵。”杨琏真伽盗发南京诸陵及大臣墓冢“凡一百一所”,可谓丧心病狂!

明洪武二年(1369),太祖朱元璋派人从元大都取回理宗头骨,与唐钰所藏部分诸帝遗骸一同归葬旧茔,竖碑立石以记。九年(1376),朱元璋特设守陵户二户,令每三年地方官府香帛祭祀,并规定五百步之内禁止山民采樵。

明英宗正统十四年(1449),瓦剌军入塞,杀散守陵人员,焚毁长、献、景三陵祭器。崇祯十七年(1644),李自成进京,焚毁定陵殿庑门楼及康、昭二陵明楼。

位于河北遵化马兰峪昌瑞山的清东陵,分布有顺治帝的孝陵、康熙帝的景陵、乾隆帝的裕陵、咸丰帝的定陵、同治帝的惠陵,以及慈安太后(东太后)、慈禧太后(西太后)等四座后陵和五座妃陵、一座格格陵。民国十七年(1928)6月12日,奉系军阀第二十八军岳兆麟部下土匪团长马福田策划率兵盗掘清东陵。而距东陵约十公里的马伸桥却驻扎着另一军阀孙殿英的部队,孙殿英命部下第八师师长谭温江一个团的兵力,以"剿匪"为名,向马兰峪进发。在突袭马福田部后,借口军事"演习",赶走守陵人,封锁陵区,动用工兵,先后炸开乾隆裕陵地宫及慈禧太后地宫,大肆行劫。匪兵还将慈禧的尸体拖出棺外,扒下龙袍,撕毁内衣,脱下鞋袜,抢掠周身珠宝,又将慈禧的牙齿撬开,盗走口中的夜明珠。后来,还是居住在津门的逊帝溥仪派清王室遗臣载泽等前往东陵重新安葬慈禧遗骨。

东陵盗掘案发之后,清王室遗老遗少痛心疾首,社会各界要求严惩孙殿英。狡猾的孙殿英用盗来的珍宝四处活动,据说,将那两颗大朝珠送给了戴笠,将那翡翠西瓜、夜明珠分别送给了宋子文、宋美龄兄妹。1947年孙殿英被人民解放军俘虏,后病死在北京监狱。

图书在版编目(CIP)数据

陵寝文化 / 党明放著. —南京：南京大学出版社，
2018.5

（中华传统文化简明读本）

ISBN 978-7-305-20250-6

Ⅰ.①陵… Ⅱ.①党… Ⅲ.①陵墓—文化研究—
中国—古代 Ⅳ.①K878.84

中国版本图书馆 CIP 数据核字(2018)第 101103 号

出版发行 南京大学出版社

社　　址 南京市汉口路 22 号　　　邮　编 210093

出 版 人 金鑫荣

丛 书 名 中华传统文化简明读本

书　　名 陵寝文化

著　　者 党明放

责任编辑 胡　豪

照　　排 南京紫藤制版印务中心

印　　刷 南京鸿图印务有限公司

开　　本 787×960　1/16　印张 12.75　字数 180 千

版　　次 2018 年 5 月第 1 版　2018 年 5 月第 1 次印刷

ISBN 978-7-305-20250-6

定　　价 36.00 元

网　　址:http://www.njupco.com

官方微博:http://weibo.com/njupco

官方微信:njupress

销售咨询:(025)83594756